AF411256

CODE MILITAIRE,

CONTENANT

TOUS LES DÉCRETS

DE L'ASSEMBLÉE NATIONALE,

Sanctionnés ou acceptés par le Roi,

Sur l'Organisation des Armées de Terre et de Mer.

PREMIERE PARTIE.

A PARIS,

Chez **DEVAUX**, Imprimeur-Libraire, au Palais-Royal, n°. 181.

1791.

AVIS.

LA seconde partie comprendra la suite des décrets sur les armées de terre et de mer, et l'organisation du corps du génie, de l'artillerie et de la gendarmerie nationale.

Elle est sous presse et paroîtra incessamment.

CODE

DE L'ARMÉE

DE TERRE.

———

Loi concernant le droit de faire la paix et la guerre, du 27 mai 1790.

ARTICLE PREMIER.

LE droit de la paix et de la guerre, appartient à la nation :

La guerre ne pourra être décidée que par un décret du corps législatif, qui sera rendu sur la proposition

A

formelle et nécessaire du roi, et ensuite sanctionné par sa majesté.

II. Le soin de veiller à la sûreté extérieure du royaume, de maintenir ses droits et ses possessions, est délégué au roi par la constitution de l'état ; ainsi lui seul peut entretenir des relations politiques au-dehors, conduire les négociations, en choisir les agens, faire des préparatifs de guerre proportionnés à ceux des états voisins, distribuer les forces de terre et de mer, ainsi qu'il le jugera convenable, et en régler la direction en cas de guerre.

III. Dans le cas d'hostilités imminentes ou commencées, d'un allié à soutenir, d'un droit à conserver par la force des armes, le pouvoir exécutif sera tenu d'en donner, sans aucun délai, la notification au corps législatif, d'en faire connoître les causes et les motifs ; et si le corps législatif est en vacance, il se rassemblera sur le champ.

IV. Sur cette notification, si le corps législatif juge que les hostilités commencées soient une aggression coupables de la part des ministres ou de quelque autre agent du pouvoir exécutif, l'auteur de cette aggression sera poursuivi comme criminel de lèze-nation : l'assemblée nationale déclarant à cet effet que la nation française renonce à entreprendre aucune guerre dans la vue de faire des conquêtes, et qu'elle n'emploiera jamais ses forces contre la liberté du peuple.

V. Sur la même notification, si le corps législatif décide que la guerre ne doit pas être faite, le pouvoir exécutif sera tenu de prendre sur le champ des mesures pour faire cesser ou prévenir toutes hostilités, les ministres demeurant responsables des délais.

VI. Toute déclaration de guerre sera faite en ces termes : *de la part du roi des Français, au nom de la nation.*

VII. Pendant tout le cours de la guerre, le corps législatif pourra requérir le pouvoir exécutif de négocier la paix, et le pouvoir exécutif sera tenu de déférer à cette réquisition.

VIII. A l'instant où la guerre cessera, le corps législatif fixera le délai dans lequel les troupes levées au-dessus du pied de paix, seront congédiées, et l'armée réduite à son état permanent. La solde desdites troupes ne sera continuée que jusqu'à la même époque, après laquelle, si les troupes excédant le pied de paix, restoient rassemblées, le ministre sera responsable et poursuivi comme criminel de lèze-nation.

IX. Il appartient au roi d'arrêter et de signer avec les puissances étrangeres tous les traités de paix, d'alliance et de commerce, et autres conventions qu'il jugera nécessaires au bien de l'état ; mais lesdits traités et conventions n'auront d'effet qu'autant qu'ils auront été ratifiés par le corps législatif.

Loi *concernant le serment à prêter par les troupes, le 14 août 1789.*

ARTICLE PREMIER.

Les troupes donneront main-forte aux milices nationales et aux maréchaussées, toutes les fois qu'elles en seront requises par les officiers civils ou les officiers municipaux.

II. Il sera prêté par les troupes, ainsi que par les officiers qui les commandent, de quelque grade qu'ils soient, le serment ci-après.

III. A cet effet, les officiers prêteront leur serment à la tête de leurs troupes, en présence des officiers municipaux.

IV. Chaque corps de troupes sera assemblé, pour qu'avec la solemnité la plus auguste, le serment soit prêté par les sous-officiers et soldats sous les armes.

V. Le serment des officiers sera : *Nous jurons de rester fidèles à la nation, au roi et à la loi, et de ne jamais employer ceux qui seront à nos ordres contre les citoyens , si nous n'en sommes requis par les officiers civils ou les officiers municipaux.*

VI. Le serment des soldats sera : *Nous jurons de ne jamais abandon ner nos drapeaux , d'être fidèles à la nation , au roi et à la loi , et de nous conformer aux règles de la discipline militaire.*

Loi concernant l'organisation de l'armée , du 21 mars 1790.

ARTICLE PREMIER.

Le roi est le chef suprême de l'armée.

II L'armée est essentiellement destinée à défendre la patrie contre. es ennemis extérieurs.

III. Il ne peut être introduit dans le royaume ni admis au service de l'état aucun corps de troupes étrangères , qu'en vertu d'un acte du corps législatif , sanctionné par le roi.

IV. Les sommes nécessaires à l'entretien de l'armée et aux autres dé-

(7)

penses militaires, seront votées annuellement par les législatures.

V. Les législatures ni le pouvoir
exécutif ne peuvent porter aucune atteinte au droit appartenant à chaque
citoyen, d'être admissible à tous emplois et grades militaires.

VI. Tout militaire en activité conserve son domicile, nonobstant les
absences nécessitées par son service,
et peut exercer les fonctions de citoyen actif, s'il a d'ailleurs les qualités
exigées par le décret de l'assemblée
nationale, et si lors des assemblées
où doivent se faire les élections, il
n'est pas en garnison dans le canton
où est situé son domicile.

VII. Tout militaire qui aura servi
l'espace de seize ans, sans interrup-
tion et sans reproches, jouira de la
plénitude des droits de citoyen actif,
et est dispensé des conditions relatives à la propriété et à la contribution, sous la réserve exprimée
dans l'article précédent; qu'il ne peut
exercer ses droits s'il est en garnison
dans le canton où est situé son domicile.

A 4

VIII. Chaque année, le 14 juillet, il sera prêté individuellement dans les lieux où les troupes seront en garnison, en présence des officiers municipaux, des citoyens rassemblés, et de la troupe entière sous les armes, le serment qui suit :

Savoir, par les officiers de rester fidèles à la nation, à la loi, au roi, à la constitution décrétée par l'assemblée nationale, et acceptée par le roi, de prêter la main-forte requise par les corps administratifs et les officiers civils et municipaux, et de n'employer jamais ceux qui sont sous leurs ordres contre aucun citoyen, si ce n'est sur cette réquisition, laquelle sera toujours lue aux troupes assemblées.

Et par les soldats, entre les mains de leurs officiers, d'être fidèles à la nation, à la loi, au roi et à la constitution ; de n'abandonner jamais leurs drapeaux, et d'observer exactement les règles de la discipline militaire.

Les formules de ces sermens seront lues à haute voix par le commandant, qui jurera le premier, et recevra le serment que chaque officier, et ensuite chaque soldat prononcera en levant la main et disant : *je le jure.*

IX. Toute vénalité des emplois et charges militaires est supprimées

Le ministre ayant le département de la guerre, et tous les agens militaires, quels qu'ils soient, sont sujets à la responsabilité dans les cas et de la manière qui sont et seront déterminé par la constitution.

XI. A chaque législature appartient le droit de statuer :

1°. Sur les sommes à vôter annuellement pour l'entretien de l'armée, et autres dépenses militaires.

2°. Sur le nombre d'hommes dont l'armée sera composée.

3°. Sur la solde de chaque grade.

4°. Sur les règles d'admission au service, et d'avencement dans les grades.

5°. Sur la forme des enrôlemens, et les conditions du dégagement.

6°. Sur l'admission des troupes étrangères au service de la nation.

7°. Sur les loix relatives aux délits et aux peines militaires.

8°. Sur le traitement des troupes dans le cas où elles seroient licenciées.

Loi concernant le paiement des appointemens des officiers en activité des états-majors des places de guerre; du 1er. avril 1790.

Les commandans, lieutenans-de-roi, majors, aides-majors des places de guerre, en activité, continueront d'être payés de leurs appointemens par le trésor public, comme par le passé.

Loi concernant la fédération générale du 10 juin 1790.

ARTICLE PREMIER.

Le directoire de chaque district du royaume, et dans le cas où le directoire ne seroit pas encore en activité, le corps municipal du chef-lieu de chaque district , est commis par l'assemblée nationale, à l'effet de requérir les commandans de toutes les gardes nationales du distr'ct, d'assembler lesdites gardes , chacune dans son ressort. Lesdites gardes ainsi assemblées choisiront six hommes sur cent, pour se réunir au jour fixé par le directoire , ou par le corps municipal requérant, dans la ville chef-lieu de district. Cette réunion de député choisira, en présence du directoire ou du corps municipal, dans la totalité des gardes nationales du district , un homme par deux cents, qu'elle chargera de se rendre à la fédération de toutes les gardes nationales du royaume , qui aura lieu le quatorze juillet. Les districts éloignés de la capitale de plus de cent lieues , auront la liberé de n'envoyer qu'un député par quatre cents.

II. Le directoire de chaque district, ou à son défaut , la municipalité du chef-lieu de district, fixeront , de la manière la plus économique , la dépense à allouer aux députés, pour le voyage et le retour, et cette dépense sera supportée par chaque district.

Du 9 juin.

L'assemblée nationale a décrété et décrète que tous les corps militaires, soit de terre, soit de mer, nationaux ou étrangers, députeront à la fédération patriotique, conformément à ce qu'il sera réglé ci-après.

Chaque régiment d'infanterie ou d'artillerie députera l'officier le plus ancien de service, les années de soldat comptées, parmi ceux qui seront présens au corps ; le sous-officier le plus ancien de service parmi ceux qui sont présens au corps, et les quatre soldats les plus anciens de service, présens au corps, et pris indistinctement parmi les caporaux, appointés, grenadiers, chasseurs, fusiliers, tambours et musiciens du régiment.

Le régiment du Roi et celui des Gardes-Suisses, à raison de leur nombre, enverront une députation double de celle fixée pour les régimens ordinaires.

Les bataillons de chasseurs à pied députeront un officier, un sous officier et deux chasseurs, conformément aux règles prescrites pour les régimens d'infanterie.

Le corps des ouvriers de l'artillerie et celui des mineurs députeront chacun un officier, un sous-officier, et deux soldats, comme pour les bataillons de chasseurs à pied.

Les mêmes règles désignées ci-dessus seront observées pour tous les régimens de cavalerie, dragons, chasseurs et hussards, avec cette différence qu'ils ne députeront qu'un officier, un sous-officier et deux cavaliers seulement. Le seul régiment des carabiniers, double en nombre des régimens de cavalerie ordinaire, aura une députation double de ces derniers.

Le corps royal du génie députera le plus ancien officier de chaque grade et à égalité d'ancienneté, le rang de promotion décidera.

La maréchaussée sera représentée par les quatre plus anciens officiers, les quatre plus anciens sous-officiers, et les douze plus anciens cavaliers du royaume.

La compagnie de la connétablie sera représentée par le plus ancien individu de chaque grade, d'officier, sous-officier et cavalier.

Par égard pour de vieux militaires qui ont bien mérité de la patrie et qui ont aquis le droit de se livrer au repos, le corps des invalides sera représenté par les quatre plus anciens officiers, les quatre plus anciens sous-officiers, et les douze plus anciens soldats retirés à l'hôtel royal des invalides.

Les commissaires des guerres seront représentés par un commissaire ordonnateur, un commissaire ordinaire, et un commissaire élève, le plus ancien de chacun de ces grades.

Le corps des lieutenans des maréchaux de france sera représenté par le plus ancien d'entre eux.

Quant aux compagnies de la maison militaire du roi, de celle des frères de sa majesté et de tous autres corps militaires non réunis, ils seront représentés chacun par le plus ancien de chaque grade.

En cas d'égalité de service, le plus ancien d'âge aura la préférence.

Les maréchaux de France, les lieutenans généraux, les maréchaux-de-camp et les grades correspondans de la marine députeront les deux plus anciens officiers de chacun de ces différens grades.

L'assemblée nationale déclare qu'elle n'entend rien préjuger sur l'existence ou le rang des corps militaires ci-dessus dénommés, et même de ceux qui ne le sont pas.

Dudit jour.

L'assemblée nationale a décrété et décrète sur les articles à elle proposés par son comité de marine, que le plus ancien des vices-amiraux, et les deux plus anciens officiers de chaque grade, actuellement en service dans chacun des ports de Brest, Toulon et Rochefort, seront députés au nom du corps de la marine, à la confédération générale indiquée pour le 14 juillet.

Chacune des divisions du corps royal des canonniers-matelots, actuel-lement en service dans les ports de Bret, Toulon et Rochefort, dépu-tera le plus ancien des officiers, ma-jors et sous-lieutenans de la division, le plus ancien des sous-officiers et les quatre plus anciens canonniers-ma-telots.

Les ingénieurs, constructeurs de la marine, servant dans chaque port, députeront le plus ancien d'entre eux.

Les maîtres de toute espèce, et officiers mariniers entretenus dans chaque port, députeront le plus an-cien de service d'entre eux, et l'an-cienneté sera comptée par les services de mer.

Les deux plus anciens élèves et les deux plus anciens volontaires de la marine seront députés par le commandant dans chacun des ports de Brest, Toulon et Rochefort.

Les commissaires généraux et ordinaires des ports et arsenaux et autre corps servant dans chacun des ports de Brest, Toulon et Rochefort, députeront le plus ancien d'entre eux.

Dans tous les ports de mer, les capitaines de marine marchande, pourront députer à la fédération énérale, le plus ancien d'entre eux.

Loi concernant la discipline des troupes, du 8 août 1790.

Article premier.

Les loix et ordonnances militaires actuellement existantes, seront exactement observées et suivies jusqu'à la promulgation très-prochaines de celles qui doivent être le résultat des travaux de l'assemblée nationale sur cette partie.

II. Excepté le conseil d'administration, toutes autres associations délibérantes, établies dans les régi-

mens, sous quelque forme et dénomination que ce soit, cesseront immédiatement après la publication du
présent décret.

III. Le roi sera supplié de nommer des inspecteurs extraordinaires
choisis parmi les officiers généraux,
pour, en présence du commandant
de chaque corps, du dernier capitaine, du premier lieutenant, du premier sous-lieutenant, du premier et
du dernier sergent ou maréchal-des-
logis, du premier et du dernier caporal ou brigadier, et de quatre soldats du régiment, nommés ainsi qu'il
va être dit, procéder à la vérification des comptes de chaque régiment depuis six ans, et faire droit
sur toutes plaintes qui pourront être
portées relativement à l'administration
des deniers et à la comptabilité; à
l'effet de quoi il sera tiré au sort
dans chaque compagnie, un soldat
entre ceux sachant lire et écrire, et
ayant au moins deux ans de service;
et parmi ceux que le premier sort
aura désignés, il en sera ensuite tiré

quatre pour assister à cette vérification, de laquelle sera dressé procès-verbal, dont copie sera envoyée
au ministre de la guerre.

IV. Il ne pourra désormais être
expédié de cartouche jaune et infamante à aucun soldat, qu'après une
procédure instruite, et en vertu d'un
jugement prononcé selon les formes
usitées dans l'armée pour l'instruction des procédures criminelles et la
punition des crimes militaires.

V. Les cartouches jaunes expédiées depuis le premier mai 1789,
sans l'observation de ces formes ri-
goureuses, n'emportent aucune note
ni flétrissure au préjudice de ceux
qui ont été congédiés avec de semblables cartouches.

VI. Les officiers doivent traiter
les soldats avec justice, et avoir
pour eux les égards qui leur sont
expressément recommandés par les
ordonnances, à peine de punition.
Les soldats de leur côté doivent à
leurs officiers et sous-officiers respect dans tous les cas, et obéissance

absolue dans tout ce qui concerne le service ; et ceux qui s'en écarteront seront punis suivant la rigueur des ordonnances.

VII. A compter du jour de la publication du présent décret, il sera informé de toutes séditions, de tous mouvemens concertés, qui auront lieu dans les garnisons et dans les corps, contre l'ordre, et au préjudice de la discipline militaire. Le procès sera fait et parfait aux instigateurs, auteurs, fauteurs et participes de ces séditions et mouvemens ; et par le jugement à intervenir, ils seront déclarés déchus pour jamais du titre de citoyen actif, traîtres à la patrie, infâmes, indignes de porter les armes et chassés de leurs corps. Ils pourront même être condamnés, suivant l'exigence des cas, à des peines afflictives et corporelles, conformément aux ordonnances ; à l'effet de quoi le comité militaire présentera dimanche prochain un décret pour mettre l'assemblée nationale en état de statuer sur l'organisation du conseil de guerre, et la forme d'y procéder.

VIII. Il est libre à tout officier, sous-officier, et soldat, après avoir obéi, de faire parvenir directement ses plaintes aux supérieurs, au ministre, à l'assemblée nationale, sans avoir besoin de l'attache ou permission d'aucune autorité intermédiaire; mais il n'est permis sous aucun prétexte dans les affaires qui n'intéressent que la police intérieure des corps, la discipline militaire et l'ordre du service, d'appeler l'intervention, soit des municipalités, soit des autres corps administratifs, lesquels n'ont d'action sur les troupes de ligne, que par les réquisitions qu'ils peuvent faire à leurs chefs ou commandans.

Loi concernant la police des frontières, du premier août 1790.

L'assemblée nationale déclare. que le passage d'aucune troupe étrangère sur le territoire de France ne doit être accordé qu'en vertu d'un décret du corps législatif, sanctionné par sa majesté.

Qu'en conséquence, les ordres émanés du secrétariat de la guerre, et adressés aux commandans des frontières du royaume, seront réputés non avenus ; et cependant l'assemblée nationale se réserve de statuer sur le passage demandé par l'ambassadeur du roi de Hongrie, lorsqu'elle aura connoissance du nombre des troupes, des différentes espèces d'armes et attirails de guerre, de l'ordre de leur marche et de l'objet de leur déstination.

L'assemblée nationale instruite des plaintes portées par ledit ambassadeur du roi de Hongrie, et voulant maintenir les principes de justice qu'elle a annoncés prendre pour base de ses décrets, et pour unique motif des armemens qu'elle ordonnera, charge son présideut de se retirer par devers le roi, pour prier sa majesté de donner des ordres précis à l'effet d'entretenir la police la plus sévère et de prévenir toute infraction au droit des gens.

Décrète en outre que le roi sera prié de prendre vis-à-vis les puissances actuellement en guerre, les précautions nécessaires pour assurer la liberté du commerce français, et notamment sur la Meuse.

Et attendu les réclamations de plusieurs municipalités des frontières, à l'effet d'être armées pour soutenir la constitution qu'elles ont jurée, et assurer la tranquillité publique, l'assemblée nationale décrète que les ministres du roi seront tenus de donner au comité militaire connoissance des demandes d'armes et munitions qui seront faites par les municipalités des frontières, de l'avis des directoires de département et d'y joindre l'état des armes et munitions distribuées à ces municipalités.

Décrète en outre que le roi sera supplié de donner les ordres les plus prompts pour la fabrication des canons, fusils et autres armes, et des munitions nécessaires, le tout suivant les prix et conditions qui auront été communiqués au comité militaire ; que le roi sera prié de faire distribuer des armes aux citoyens, par-tout où la défense du royaume rendra cette précaution nécessaire, et ce, sur la demande des directoires.

Loi sur les pensions, du 22 août 1790.

L'assemblée nationale considérant que chez un peuple libre, servir l'état est un devoir que tout citoyen est tenu de remplir, et qu'il ne peut prétendre de récompense qu'autant que la durée, l'éminence et la nature de ses services lui donnent des droits à une reconnoissance particulière de la nation; que s'il est juste que dans l'âge des infirmités, la patrie vienne au secours de celui qui lui a consacré ses talens et ses forces, lorsque sa fortune

fortune lui permet de se contenter des graces honorifiques, elles doivent lui tenir lieu de toute autre récompense, décrète ce qui suit :

TITRE PREMIER.

Règles générales sur les pensions et autres récompenses pour l'avenir.

ARTICLE PREMIER.

L'état doit récompenser les services rendus au corps social, quand leur importance et leur durée méritent ce témoignage de reconnoissance. La nation doit aussi payer aux citoyens le prix des sacrifices qu'ils ont fait à l'utilité publique.

II. Les seuls services qu'il convient à l'état de récompenser, sont ceux qui intéressent la société entière. Les services qu'un individu rend à un autre individu, ne peuvent être rangés dans cette classe, qu'autant qu'ils sont accompagnés de circonstances qui en font réfléchir l'effet sur tout le corps social.

III. Les sacrifices dont la nation doit payer le prix, sont ceux qui naissent des pertes qu'on éprouve en défendant la patrie, ou des dépenses qu'on a faites pour lui procurer un avantage réel et constaté.

IV. Tout citoyen qui a servi, défendu, illustré, éclairé sa patrie, ou qui a donné un grand exemple de dévouement à la chose publique, a des droits à la reconnoissance de la nation, et peut, suivant la nature et la durée de ses services, prétendre aux récompenses.

V. Les marques d'honneurs, décernées par la nation, seront personnelles, et mise au premier rang des récompenses publiques.

VI. Il y aura deux espèces de récompenses pécuniaires, les pensions et les gratifications. Les premières sont destinées au soutien du citoyen qui les aura méritées ; les secondes, à payer le prix des pertes souffertes, des sacrifices faits à l'utilité publique.

VII. Aucune pension ne sera accordée à qui que ce soit avec clause de réversibilité, mais dans le cas de défaut de patrimoine, la veuve d'un homme mort dans le cours de son service public, pourra obtenir une pension alimentaire, et les enfans être élevés aux dépens de la nation, jusqu'à ce qu'elle les ait mis en état de pourvoir eux-mêmes à leur subsistance.

VIII. Il ne sera compris dans l'état des pensions, que ce qui est accordé pour récompense de service. Tout ce qui sera prétendu à titre d'indemnité, de dédommagement, comme prix d'aliénation ou pour autres causes semblables, sera placé dans la classe des dettes de l'état, et soumis aux règles qui seront décrétées pour la liquidation des créanciers de la nation.

IX. On ne pourra jamais être employé sur l'état des pensions qu'en un seul et même article : ceux qui auroient usurpé de quelque manière que ce soit plusieurs pensions, seront rayés de la liste des pensionnaires, et privés des graces qui leur auroient été accordées.

X. Nul ne pourra recevoir en même tems une pension et un traitement. Aucune pension ne pourra être accordée sous le nom de *traitement conservé* et de *retraite.*

XI. Il ne pourra être concédé de pension à ceux qui jouissent d'appointemens, gages ou honoraires, sauf à leur accorder des gratifications, s'il y a lieu.

XII. Un pensionnaire de l'état ne pourra recevoir de pensions ni sur la liste civile, ni d'aucune puissance étrangère.

Du 16 juillet.

XIII. La liste civile étant destinée au paiement des personnes attachées au service particulier du roi et à sa maison, tant domestique que militaire, le trésor public demeure déchargé de toutes pensions et gratifications qui peuvent avoir été accordées, ou qui le seroient par la suite aux personnes qui auroient été, sont ou seront employées à l'un ou à l'autre de ces services.

XIV. Il sera destiné à l'avenir une somme de douze millions de livres, à laquelle demeurent fixés les fonds des pensions, dons et gratifications ; savoir, dix millions pour les pensions, et deux millions pour les dons et gratifications. Dans le cas où le remplacement des pensionnaires décédés ne laisseroit pas une somme suffisante pour accorder des pensions à tous ceux qui pourroient y prétendre, les plus anciens d'âge et de service auront la préférence ; les autres l'expectative, avec l'assurance d'être les premiers employés successivement.

XV. Au-delà de cette somme il ne pourra être payé ni accordé, pour quelque cause, sous quelque prétexte ou dénomiation que ce puisse être, aucunes pensions, dons et gratifications, à peine contre ceux qui les auroient accordés ou payés, d'en répondre en leur propre et privé nom.

XVI. Ne sont compris dans la somme des dix millions affectés aux pensions, les fonds destinés aux invalides, aux soldes et demi-soldes, tant de terre que de mer, sur la fixation et distribution desquels fonds l'assemblée se réserve de statuer, ni les pensions des ecclésiastiques, qui continueront d'être payées sur les fonds qui y seront affectés.

XVII. Aucun citoyen, hors le cas de blessures reçues, ou d'infirmités contractées dans l'exercice de fonctions publiques, et qui le mettent hors d'état de continuer, ne pourra obtenir de pension, qu'il n'ait trente ans de service effectif, et ne soit âgé de cinquante ans, le tout, sans préjudice de ce qui sera statué par les articles particuliers relatifs aux pensions de la marine et de la guerre.

XVIII. Il ne sera jamais accordé de pension au-delà de ce dont on jouissoit à titre de traitement ou appointement dans le grade que l'on occupoit. Pour obtenir la retraite d'un grade, il faudra y avoir passé le tems qui sera déterminé par les articles relatifs à chaque nature de service. Mais quelque fût le montant de ces traitemens et appointemens, la pension, dans aucun cas, sous aucun prétexte, et quels que puissent être le grade ou les fonctions du pensionné, ne pourra jamais excéder la somme de dix mille livres.

XIX. La pension accordée à trente ans de service, sera du quart du traitement, sans toutefois qu'elle puisse être moindre de cent cinquante livres.

XX. Chaque année de service, ajoutée à ces trente ans, produira une augmentation progressive du vingtième des trois quarts restant des appointemens et traitemens, de manière qu'après cinquante ans de service, le montant de la pension sera de la totalité des appointemens et traitemens, sans que néanmoins, comme on l'a dit ci-devant, cette pension puisse jamais excéder la somme de dix mille livres.

XXI. Le fonctionnaire public, ou tout autre citoyen au service de l'état, que ses blessures ou infirmités obligeront de quitter son service ou ses fonctions avant les trente années expliquées ci-dessus, recevra une pension déterminée par la nature et la durée de ses services, le genre de ses blessures, et l'état de ses infirmités.

XXII. Les pensions ne seront accordées que d'aprés les instructions fournies par les directoires de département et de districts, et sur l'attestation des officiers généraux, et autres agens du pouvoir exécutif et judiciaire, chacun dans la partie qui les concerne.

XXIII. A chaque session du corps législatif, le roi lui fera remettre la liste des pensions à accorder aux différentes personnes qui, d'après les règles ci-dessus, seront dans le cas d'y prétendre. A cette liste sera jointe celles des pensionnaires décédés et des pensionnaires existans. Sur ces deux listes envoyées par le roi à la législature, elle rendra un décret approbatif des nouvelles pensions qu'elle croira devoir être accordées ; et lorsque le roi aura sanctionné ce décret, les pensions accordées dans cette forme, seront les seules exigibles et les seules payables par le trésor public.

XXIV. Les gratifications seront accordées d'après les mêmes instructions et attestations portées dans l'art. XXII : chaque gratification ne sera donnée que pour une fois seulement; et s'il en est accordé une seconde à la même personne, elle ne pourra l'être que par une nouvelle décision et pour cause de nouveaux services dans tous les cas, les gratifications seront déterminées par la nature des services rendus, des pertes souffertes, et d'après les besoins de ceux auxquels elles seront accordées.

XXV. A chaque session, il sera présenté un état des gratifications à accorder, et des motifs qui doivent en déterminer la concession et le montant. L'état de celles qui seront jugées devoir être accodées, sera pareillement décrété par l'assemblée législative. Après que le roi aura sanctionné le décret, les gratifications accordées dans cette forme, seront aussi les seules payables par le trésor public.

XXVI. Néanmoins, dans les cas urgens, le roi pourra accorder provisoirement des gratifications : elles seront comprises dans l'état qui sera présenté à la législature, et si elle les juge accordées sans motifs ou contre les principes décrétés, le ministre qui aura contre-signé les décisions, sera tenu d'en verser le montant au trésor public.

XXVII. L'état des pensions, tel qu'il aura été arrêté par l'assemblée nationale, sera rendu public; il sera imprimé en entier tous les dix ans; et tous les ans, dans le mois de janvier, l'état des changemens survenus dans le cours des années précédentes, ou des concessions de nouvelles pensions et gratifications sera pareille-livré à l'impression.

TITRE II.

Régles particulières concernant les récompenses pécuniaires qui peuvent être accordées à ceux qui ont servi l'état dans la guerre, dans la marine, dans les emplois civils, dans les sciences, les lettres et les arts.

ARTICLE PREMIER.

du 31 juillet.

Le nombre d'années de service nécessaires dans les troupes deligne pour obtenir une pension, sera de trente années de service effectif; mais pour déterminer le montant de la pension, il sera ajouté à ces années de service, les années résultantes des campagnes de guerre, d'embarquement, de service ou garnison hors de l'Europe, d'après les proportions suivantes.

Chaque campagne de guerre, et chaque année de service ou de garnison hors de l'Europe, sera comptée pour deux ans.

B 6

Chaque année d'embarquement en tems de paix sera comptée pour dix-huit mois.

Ce calcul aura lieu dans quelque grade que les campagnes et les années de service ou d'embarquement aient été faites, dans le grade de soldat, comme dans tous les autres.

II. Tous officiers, soit étrangers, soit français, employés dans les troupes de ligne françaises ou étrangères au service de l'état, de quelque arme et de quelque grade qu'ils soient seront traités, pour leur pension, sur le pied de l'infanterie française. Tous lés officiers d'un même grade, quoique de classe différente, même simplement commissionnés mais en activité, seront pensionnés également sur le pied de ceux de la première classe.

III. On obtiendra la pension attachée à un grade, qu'autant qu'on l'aura occupé pendant deux ans entiers, à moins que pendant le cours desdites deux années, on n'ait reçu quelque blessure qui mette hors d'état de servir.

IV. Le nombre d'années de service nécessaire dans la marine pour obtenir une pension, sera de vingt-cinq années de service effectif ; et pour fixer le montant de la pension, il sera ajouté à ces années de service, celles résultant des campagnes de guerre, embarquement, service ou garnison hors de l'Europe, dans les mêmes proportions qui ont été fixées par l'article premier du présent titre, pour les troupes de terre.

Ce calcul aura lieu, quel qu'ait été la classe ou le grade dans lesquels on ait commencé à servir ; mais l'on n'aura la pension attachée au grade, qu'après l'avoir occupé pendant deux ans entiers, ainsi qu'il est dit dans l'article précédent.

V. Le taux de la pension qu'on obtiendra après avoir servie l'état dans les emplois civils pendant trente années effectives, sera réglé sur le traitement qu'on avoit dans le dernier emploi, pourvu qu'on l'ait occupé pendant trois années entières.

Les années de service qu'on auroit remplies dans les emplois civils, hors de l'Europe, seront comptées pour deux années, lorsque les trente ans de service effectif seront d'ailleurs complets.

VI. Les artistes, les savans, les gens de lettres, ceux qui auront fait une grande découverte propre à soulager l'humanité, à éclairer les hommes, ou à perfectionner les arts utiles, auront part aux récompenses nationales, d'après les règles générales établies dans le titre premier du présent décret, et les règles particulières qui seront énoncées ci-après.

VII. Celui qui aura sacrifié ou son tems, ou sa fortune, ou sa santé à des voyages longs et périlleux, pour des recherches utiles à l'économie publique, ou au progrès des sciences et des arts, pourra obtenir une gratification proportionnée à l'importance de ses découvertes et à l'étendue de ses travaux ; et s'il périssoit dans le cours de son entreprise, sa femme

et ses enfans seront traités de la même
manière que la veuve et les enfans
des hommes morts au service de
l'état.

VIII. Les encouragemens qui pourroient être accordés aux personnes
qui s'appliquent à des recherches, à
des découvertes et des travaux utiles,
ne seront point donnés à raison d'une
somme annuelle, mais seulement à
raison des progrès effectifs de ces
travaux; et la récompense qu'ils pourroient mériter, ne leur sera délivrée
que lorsque leur travail sera entière-
ment achevé, ou lorsqu'ils auront
atteint un âge qui ne leur permettra
plus de le continuer.

IX. Il pourra néanmoins être accordé des gratifications annuelles,
soit aux jeunes élèves que l'on en-
verra chez l'étranger pour se perfectionner dans les arts et les sciences,
soit à ceux que l'on feroit voyager
pour recueillir des connoissances utiles
à l'état.

X. Les pensions destinées à récompenser les personnes ci-dessus dé-

signées , seront dévisées en trois classes :

La première , celle des pensions dont le *maximum* sera de trois mille livres.

La seconde , celle des pensions qui excéderont trois mille livres , et dont le *maximum* ne pourra s'élever au-dessus de six mille livres;

La troisième comprendra les pensions au-dessus de six mille livres jusqu'au *maximum* de dix mille livres, fixé par les précédens décrets.

XI. Le genre de travail, les occupations habituelles de celui qui méritera d'être récompensé , détermineront la classe où il convient de les placer , et la qualité de ses services fixera le montant de la pension , de manière néanmoins qu'il ne puise atteindre le *maximum* de la classe où il aura été placé , que conformément aux règles d'accroissement déterminées par les articles XIX et XX du titre premier du présent décret.

TITRE III.

Suppression des pensions et autres graces pécuniaires existant du premier janvier 1790; règles générales pour leur rétablissement; exceptions.

ARTICLE PREMIER.

Du 16 juillet 1790.

Les pensions, dons, traitemens ou appointemens conservés, récompenses, gratifications annuelles, engagemens contractés pour paiemens de dettes, assurances de dots et de douaires, concessions gratuites de domaines, existant au premier janvier 1790, ou accordés depuis cette époque, sont supprimés : il sera procédé à une création nouvelle de pension, suivant le mode qui sera établi par les articles suivans.

Et cependant, par provision, tous les ci-devant pensionnaires seront payés des arrérages de la présente année de leurs pensions, si elles ne sont que de la somme de six cents livres ou au-dessous, soit en un, soit en plusieurs articles : et dans le cas où les pensions et gratifications dont on jouissoit, excéderoient la somme de six cents livres, soit en un article, soit en plusieurs, il sera payé la somme de six cents livres à compte sur les arrérages de la présente année desdites pensions et gratifications.

Du 13 juillet 1790.

II. Il ne sera payé, par les administrations municipales et autres, aucune pension ou gratification au-delà de la somme de six cents livres, conformément à l'article ci-dessus, jusqu'à ce que, par l'assemblée nationale, il en ait été autrement ordonné ; lesdites administrations municipale est autres seront tenues d'envoyer sans délai au comité des pensions, l'état certifié des pensions et gratifications dont elles sont chargées.

Du 31 juillet 1790.

III. Les pensions qui étoient éta-

blies sur la caisse de l'ancienne administration du clergé , seront payées
sur cette même caisse pour les six
premiers mois de la présente année ,
sur le pied néanmoins de six cents
livres au plus pour l'année entière ,
conformément à l'article premier du
présent titre ; et en sera de même
des pensions qui pourroient exister
encore sur d'autres caisses que le trésor public.

Du 26 juillet 1790.

IV. Les personnes qui, ayant servi
l'état , se trouveront dans les cas déterminés par les deux premiers titres
du présent décret , obtiendront une
pension de la valeur réglée par lesdits
titres, s'ils avoient déja une pension ,
mais de moindre valeur que celle
qu'ils leur assurent ; la pension dont
ils jouissoient demeurera supprimée ,
et elle sera remplacée par la pension
plus considérable qu'ils obtiendront.

V. Il sera rétabli une pension en
faveur des officiers généraux qui ayant

fait deux campagnes de guerre en quelque grade et en quelque lieu que ce soit , avoient précédemment obtenu une pension ; mais elle cessera d'être payée s'ils rentrent en activité.

La pension rétablie ne sera jamais plus forte que celle dont on jouissoit.

Si la pension dont on jouissoit étoit de deux mille livres ou plus , la nouvelle pension sera de deux mille livres pour l'officier général qui aura fait deux campagnes de guerre ; elle croîtra de cinq cents livres à raison de chaque campagne de guerre au-delà des deux premières ; mais cet accroissement ne pourra porter le total au-delà de la somme de six mille livres , qui est le *maximum* fixé pour les pensions mentionnées au présent article.

VI. Les officiers des troupes de ligne et les officiers de mer , qui avoient servi pendant vingt années dans lesdites troupes de ligne ou sur mer, qui avoient fait deux campagnes de guerre ou deux expéditions de mer , dans quelque grade que ce soit, et auxquels leur retraite avoit été accordée avec une pension, soit par suite de réforme faites dans la guerre ou dans la marine, soit à une époque antérieure aux réglemens qui seront mentionnés en l'article suivant, jouiront d'une nouvelle pension créée en leur faveur, laquelle ne pourra excéder celle dont ils jouissoient, mais pourra lui être inférieure, ainsi qu'il sera dit en l'article X du présent titre.

VII. Les personnes qui n'étant ni dans l'un ni dans l'autre des cas prévus par les deux articles précédens, auront obtenu avant le premier janvier 1790, une pension pour services rendus à l'état, dans quelque département que ce soit, en conformité des ordonnances et réglemens faits pour lesdits départemens, jouiront d'une nouvelle pension rétablie en leur faveur, laquelle ne sera jamais au-dessus de celle dont elles jouissoient précédemment, mais pourra être au-dessous dans les cas prévus par l'article X du présent titre.

VIII. Les veuves et enfans qui ont obtenu des pensions en conformité des ordonnances et réglemens faits pour les départemens dans lesquels leurs maris ou leurs pères étoient attachés à un service public, et notamment les veuves et enfans d'officiers tués au service de l'état, jouiront de nouvelles pensions rétablies en leur faveur, et pour la même somme à laquelle elles étoient portées, sous la condition néanmoins que les pensions desdites veuves et celles de tous leurs enfans, réunies, n'excéderont pas la somme de trois mille livres, qui sera le *maximum* desdites pensions.

Les veuves des maréchaux de France, qui avoient obtenu des pensions, jouiront d'une pension de six mille livres, qui sera rétablie en leur faveur.

IX. Les anciens réglemens ayant, à différentes époques, soumis des pensions à des réductions, converti en rentes viagères des arrérages échus et non payés, suspendu jusqu'à la mort des pensionnaires d'autres arrérages échus et non payés, il est déclaré, 1°. que la disposition des articles précédens, qui porte que les pensions rétablies n'excéderont pas le montant des pensions anciennes supprimées, s'entend du montant desdites pensions, déduction·faite de toutes les retenues qui ont eu ou dû avoir lieu pendant le cours de l'année 1789, toute exception aux réglemens qui établissoient lesdites réductions étant anéantie; 2°. que les rentes viagères, créées pour arrérages échus et non payés, continueront à être servies aux personnes mêmes dont les pensions se trouveroient supprimées sans espérance de rétablissement, et hors la nouvelle pension, aux personnes en faveur desquelles une nouvelle pension seroit rétablie; 3°. que les arrérages échus, non payés et portés en décomptes sur les brevets, seront compris dans les dettes de l'état et payés comme tels, tant à ceux dont les pensions sont suppri-

mées, qu'à ceux qui en obtiendront
de novelles.

X. Les pensions rétablies en vertu
des articles précédens, et dont le *maximum* n'a pas été fixé, ne pourront
excéder la somme de dix mille liv. si
le pensionnaire est actuellement âgé de
moins de soixante-dix ans; la somme
de quinze mille livres s'il est âgé de
soixante-dix à quatre-vingt ans; et la
somme de vingt mille livres, s'il est
âgé de plus de quatre-vingt ans.

Les pensionnaires actuels, âgés de
plus de soixantequinze ans, qui, ayant
rendu des services à l'état, jouissoient
de pensions au-dessus de trois mille
livres, conserveront une pension au
moins de ladite somme de trois mille
livres.

Ceux qui ayant servi dans la marine et les colonies, auront atteint
leur soixante-dixième année, jouiront
de la même faveur que les octogénaires.

Les veuves des maréchaux de France,
qui ont atteint l'âge de soixante-dix

ou

ou quatre-vingt ans , jouiront de la faveur accordée à cet âge.

XI. Il ne sera jamais rétabli qu'une seule pension en faveur d'une même personne, quand elle auroit servi dans plusieurs départemens , et quand ce dont elle jouit en pension lui auroit été accordé originairement en plusieurs articles ; mais la fixation de la nouvelle pension sera réglée d'après le total des pensions réunies.

XII. Ceux qui ayant fait quelque action d'éclat, ou ayant rendu des services distingués, dignes d'une gratification, d'après les dispositions des articles IV et VI du titre premier du présent décret, n'en auroient pas été récompensés, ou ne l'auroient été que par une pension qui se trouveroit supprimée sans espérance de rétablissement , seront récompensés sur le fonds de deux millions destiné aux gratifications.

XIII. Les personnes qui ayant droit à une pension ou à une gratification, préféreroient aux récompenses pécuniaires , les récompenses énoncées dans l'article V du titre premier du présent decret, en feront la déclaration et l'adresseront au comité des pensions, qui en rendra compte au corps législatif.

XIV. L'assemblée nationale se réserve de prendre en considération ce qui regarde les secours accordés aux Hollandois retirés en France ; et jusqu'à ce qu'elle ait prononcé sur cet objet, ces secours continueront d'être distribués comme par le passé.

XV. Pour subvenir aux besoins pressans des personnes qui se trouvant privées des pensions qu'elles avoient précédemment obtenues, n'auroient pas de titres suffisans pour en obtenir de nouvelles, et ne seroient pas dans le cas d'être renvoyés, soit à la liste civile, à cause de la nature de leurs services, soit au comité de liquidation, à cause des indemnités dont elles prétendroient que leur pension est le remboursement; il sera fait un fonds de deux millions, réparti et distribué d'après les règles suivantes : cinq cents portions de

1,000 liv. mille portions de 500 liv.
quatre mille une portions de 200 liv.,
et treize cents trente-deux de 150 liv.
Les secours de la première classe ne
seront donnés qu'à des personnes mariées ou ayant des enfans ; ceux de
la seconde classe pourront être donnés
à des personnes mariées ou ayant des
enfans, ou sexagénaires ; les secours
des troisième et quatrième classes seront distribuées à toutes personnes
qui y auront droit.

XVI. Les mémoires présentés dans
les différens départemens, par les personnes qui ont obtenu des pensions,
les décisions originales intervenues
sur lesdits mémoires, les registres et
notes qui constatent les services rendus à l'état, ensemble les mémoires
que toutes personnes qui prétendent
avoir droit aux récompenses pécuniaires, jugeront à propos de pré-
senter, seront remis au comité des
pensions, qui les examinera et véri-
fiera, ainsi que les mémoires qui
lui ont déjà été remis.

XVII. Après l'examen et la vérication des états et pièces énoncés en l'article précédent, le comité dressera quatre listes : la première comprendra les pensions à payer sur le fonds de dix millions, ordonné par l'article XIV du titre premier du présent décret ; la seconde comprendra les pensions rétablies par les articles V, VI, VII et VIII du titre II; la troisième liste comprendra les secours établis par l'article XV du présent titre ; la quatrième liste comprendra les personnes dignes des récompenses établies par l'article V du titre premier du présent décret, et qui les auront préférées aux récompenses pécuniaires. Ces listes seront présentées au corps législatif, à l'effet d'être approuvées ou réformées par lui, et le décret qui interviendra sera ensuite présenté à la sanction du roi.

XVIII. Lorsque le décret rendu par le corps législatif aura été sanctionné par le roi, les pensions comprises dans la première liste seront payées sur le fonds qui y est destiné par l'article XIV du titre pre-

mier du présent décret. A l'égard
des pensions et secours compris dans
les secondes et troisième listes, il
sera fait fonds, par addition, entre
les mains des personnes chargées du
paiement des pensions, du montant
desdites listes.

Chacune des années suivantes, les
fonds de ces deux listes ne seront
fournis que déduction faite des portions dont jouissoient les personnes
qui seront décédées dans le cours
de l'année précédente ; de manière
que lesdits fonds diminuent chaque
année graduellement, sans que sous
aucun prétexte il y ait lieu au remplacement d'aucune des personnes
qui auront été employées dans lesdites secondes et troisièmes listes.

Les quatre listes seront rendues
publiques par la voie de l'impression,
avec l'exposé sommaire des motifs
pour lesquels chacun de ceux qui
s'y trouveront dénommés, y aura été
compris.

Les pensions accordées commen-
ceront à courir du premier janvier

1790 ; mais sur les arrérages qui reviendront à chacun pour l'année 1790, il sera fait imputation de ce qu'on auroit reçu pour ladite année, en exécution des articles I, II et III du présent titre.

XIX. Nonobstant l'article VIII du présent titre, relatif aux enfans des officiers tués au service de l'état, les enfans du général Montcalm, tués à la bataille de Quebec, au lieu de la somme de 3,000 livres qu'ils devoient se partager entr'eux, aux termes dudit article, toucheront 1,000 livres chacun. L'assemblée nationale autorise les commissaires par elle nommés pour la distribution des nouvelles pensions, à exprimer dans le brevet de 1,000 livres, qui sera délivré à chacun desdits enfans, que cette exception a été décrétée par elle, comme un témoignage de son estime particulière pour la mémoire d'un officier aussi distingué par ses talens et son humanité, que par sa bravoure et ses services éclatans. La même mention sera faite

dans les brevets qui seront expédiés à
la famille d'Assas, aux termes de l'article suivant.

Les pensions accordées aux fa-
milles d'Assas, de Chambord, et au
général Luckner seront conservées
en leur entier, nonobstant les dispositions des articles précédens qui
pourroient y être contraires. A l'é-
gard des autres exceptions qui ont
été ou seroient proposées, elles sont
envoyées au comité des pensions,
qui en fera le rapport à l'assemblée.

*Loi concernant la solde de l'armée,
du 5 juillet 1790.*

Décret du 28 février.

L'assemblée nationale a décrété et
décrète qu'à commencer du premier
mai prochain, la paie de tous les
soldats Français sera augmentée de
32 deniers par jour, en observant
la progression graduelle entre les différens grades, et l'emploi de cette

paie sera incessamment déterminé par des ordonnances militaires.

Decret du 6 juin.

L'assemblée nationale considérant qu'il est instant que les soldats Français jouissent de l'augmentation de trente-deux deniers qui leur avoient été accordés par son décret du 28 février dernier, et ayant fait la répartition conformément aux principes qui dirigent les représentans de la nation, a décrété et décrète :

Que les trente-deux deniers seront répartis ainsi qu'il suit.

Un sou quatre deniers au prêt.

Six deniers dans la poche, dont la distribution sera faite comme le prêt, tous les cinq jours.

Et six deniers au linge et chaussure.

Décret du 24 juin.

L'assemblée nationale voulant prévenir les fausses interprétations qu'on pourroit donner à ses décrets des 28 février dernier et 6 du présent mois, concernant l'augmentatiou de paie décrétée en faveur des soldats Français, et parer en même tems aux difficultés qui pourroient naître des dispositions provisoirement prescrites à cet égard par la circulaire que le ministre de la guerre a adressée aux régimens, le 20 avril dernier : après avoir entendu le rapport de son comité militaire, a déclaré et déclare qu'en décrétant une augmentation de paie de trente-deux deniers, son intention n'a point été d'ajouter aux avantages des corps ci-devant privilégiés, mais qu'elle a voulu,

1°. Sans faire éprouver à ceux-ci aucune diminution sur leur ancienne paie, élever au même taux celle des corps de la même arme qui étoient moins favorisés.

2°. En partant de ce niveau, rendre meilleure la condition de toutes les troupes, en fixant un traitement uniforme pour chaque espèce d'arme.

En conséquence, l'assemblée nationale a décrété et décrète,

1°. Qu'en attendant qu'il ait été statué sur l'organisation de l'armée et sur l'admission des troupes étrangères au service de France, tous les corps d'infanterie Française, Allemande, Irlandaise et Liégeoise, qui sont actuellement à la solde de l'état, jouiront de la même paie; qu'il n'y en aura qu'une pour tous les régimens de cavalerie, et que celle des dragons, chasseurs et hussards sera la même.

2°. Qu'au moyen de l'augmentation de trente-deux deniers, décrétée le 28 février dernier, la paie de tous les fantassins sans distinction, sera de 136 liv. 17 s. 6 d. par année commune, et de 137 liv. 5. s. par année bissextile, faisant 7 s. 6 d. par jour, dont 5 s. 4 d. seront affectés à l'ordinaire, 1 s. 8 d. à la masse du linge et chaussure, de laquelle il sera rendu compte exactement à chaque homme, et les autres 6 d. laissés à la libre disposition du soldat ; le tout sans préjudice des hautes paies attribuées aux grenadiers, tambours, musiciens, appointés, caporaux, et sous-officiers , dont ils jouiront comme du passé.

3°. Que les compagnies d'invalides détachés dans les villes et châteaux , et y faisant le même service que l'infanterie , lui seront exactement assimilés pour leur paie et traitement , à compter du premier mai dernier.

4°. Que la paie des cavaliers et carabiniers sans distinction , sera de 161 l. 4 s. 2 d. par année commune et de 161 liv. 13 s. par année bissextile , faisant 8 s. 10 deniers par jour, dont 6 s. seront affectés à l'ordinaire , 2 s. 4 d. à la masse du linge et chaussure , dont il sera rendu compte exactement à chaque homme , et les autre 6 d. laissés à la libre disposition du cavalier ; le tout sans préjudice des hautes paies attribuées aux trompettes, maître maréchal , maître sellier , brigadiers et sous-officiers , dont ils jouiront comme par le passé.

5°. Que la paie des dragons , chasseurs et hussards sera de 155 liv.

2 s. 6 d. par année commune , de 155 livres 11 s. par année bissextile , faisant 8 s. 6 d. par jour , dont 5 s. 8 d. seront affectés à l'ordinaire ; 2 s. 4 d. à la masse du linge et chaussure , de laquelle il sera rendu compte exactement à chaque homme , et les autres 6 deniers laissés à libre disposition du dragon , chasseur ou hussard ; le tout sans préjudice des hautes paies attribuées aux trompettes , appointés , maître maréchal et maître sellier , brigadiers et sous - officiers , dont ils jouiront comme du passé.

6º. Que la paie des canonniers apprentis sera de 149 liv. par année commune, et de 146 liv. 8 s. par année bissextile , faisant 8 s. par jour, dont 5 s. 8 d. seront affectés à l'ordinaire, 1 s. 10 d. à la masse du linge et chaussure , de laquelle il sera rendu compte exactement à chaque homme , et les autres 6 d. laissés à la libre disposition du canonnier ; le tout sans préjudice des hautes paies attribuées aux artificiers, canonniers de première et deuxième classes, tambours, appointés, caporaux et sous-officiers, dont ils jouiront comme du passé.

7°. Que la paie des ouvriers-apprentifs sera de 206 l. 16 s. 8 d. par année commune, et de 207 liv. 8 s. par année bissextile, faisant 11 s. 4 d. par jour, dont 9 s. seront affectés à l'ordinaire, 1 s. 10 d. à la masse du linge et chaussure dont il sera rendu compte exactement à chaque homme, et les autres 6 d. laissés à la libre disposition de l'ouvrier ; le tout sans préjudice des hautes paies attribuées aux seconds ouvriers, maîtres ouvriers, appointés, caporaux et sous-officiers, dont ils jouiront comme du passé ; sans préjudice aussi des 6 d. par jour que les tambours ont de moins que les ouvriers, et qui diminueront d'autant ce que les tambours doivent mettre à l'ordinaire.

8°. Que la paie des mineurs sera de 164 liv. 5 s. par année commune, et de 164 liv. 14 s. par année bissextile, faisant 9 s. par jour, dont 6 s. 8 d. seront affectés à l'ordinaire; 1 s. 10 d. à la masse du linge et chaussure, de laquelle il sera rendu compte exactement à chaque homme, et les autres 6 d. laissés à la libre disposition du mineur; le tout sans préjudice des hautes paies attribuées aux tambours, mineurs de premières classes, appointés, caporaux et sous-officiers, dont ils jouiront comme du passé.

9°. Qu'indépendamment des différentes paies déterminées par les articles précédens, les soldats, cavaliers, dragons, chasseurs, hussards, canonniers, ouvriers et mineurs seront habillés et équipés sur la masse établie pour cet objet, et recevront en outre, lorsqu'ils seront présens aux drapeaux, ou détachés pour le service, une ration de vingt-quatre onces de pain par jour, aussi sur la masse établie pour cet objet, de laquelle masse, non plus que de celle d'habillement ou générale, ni de celles d'hôpital, lits, bois et lumières, et effets de campement, il ne sera fait aucun décompte au soldat dans aucune arme, non plus que de la masse de fourrages dans les troupes à cheval.

10°. Que les différentes paies ci-dessus fixées, devant avoir lieu à dater du premier mai dernier, le décompte en sera fait depuis ce jour, à la charge d'un prélèvement de cinq deniers par jour sur chaque soldat, cavalier, dragon, chasseur, hussard, canonnier, ouvrier et mineur qui aura reçu la fourniture provisoire de quatre onces de pain de plus que la ration ordinaire.

11o. Que cette fourniture provisoire continuera jusqu'au dernier de ce mois inclusivement; qu'elle cessera au premier juillet prochain, ainsi que le prélèvement des cinq deniers, et qu'à compter de ce jour premier juillet jusqu'à ce qu'il ait été autrement ordonné, les articles I, II, III, IV, V, VI, VII, VIII et IX, du présent décret, qui détermine la paie de chaque arme, auront leur pleine et entière exécution.

12º. Que le prix des quatre onces de pain de plus, que les suisses ont reçu depuis le premier mai dernier, et qu'ils continueront à recevoir seulement jusqu'au dernier de ce mois inclusivement, sera passé en compte sur le pied de cinq deniers, comme dépense extraordinaire.

Sa majesté, après avoir sanctionné lesdits décrets, a ordonné et ordonne ce qui suit :

ARTICLE PREMIER.

Epoque fixée pour la nouvelle paie.

A compter du premier mai dernier, la solde des sous-officiers et soldats des différentes armes qui composent l'armée, sera réglée et payée conformément au tarif annexé à la présente ordonnance.

L'homme présent aux drapeaux, ou détaché pour le service, recevra de plus et sans aucune retenue, une ration de pain de munition du poids

ARMÉE FRANÇAISE.

ÉTAT de la nouvelle Fixation de solde attribuée, à compter du 1.er mai 1790, à chaque grade de Sous-officier et Soldat, par jour, tant dans l'infanterie, que dans les troupes à cheval, d'après les Décrets de l'Assemblée Nationale, en date des 28 Février, 6 et 24 Juin derniers, sanctionnés par le Roi.

SAVOIR :

GRADES.	PAIE SUIVANT L'ORDONNANCE DES REVUES, Du 20 Juin 1788.			Augment en vertu des décrets.	TOTAL de la nouvelle Fixation par jour.	RÉPARTITION DE LA PAIE.				RETENUE Pour Journées d'hôpital et d'étape.
	SOLDE,	LINGE & chaussure.	TOTAL.			HAUTE PAIE.	au prêt.	A la poche.	Au linge et Chaussure.	
INFANTERIE FRANÇAISE.										
ÉTAT-MAJOR.										
Adjudant	1 10 f d	1 f d	1 10 f d	1 2 f 8 d	1 1 12 s 8 d	1 12 f 8	f d	d	1 f d	1 1 12 f 8 d
Tambour-major	14	1 6	15 6	2 8	18 2	10	5 4	6	2 4	15 4
Caporal-Tambour	9	10	9 10	2 8	12 6	5	5 4	6	1 8	8 4
Musicien	9 8	10	10 6	2 8	13 2	5 8	5 4	6	1 8	11
Maîtres Tailleur, Armurier ou Cordonnier	4	10	4 10	2 8	7 6		5 4	6	1 8	5 4
GRENADIERS.										
Sergent-major	15	1 6	16 6	2 8	19 2	11	5 4	6	2 4	16 4
Fourrier et Sergent	12 4	1 6	13 10	2 8	16 6	8 4	5 4	6	2 4	13 8
Caporal	8	10	8 10	2 8	11 6	4	5 4	6	1 8	9 4
Appointé	5 6	10	6 4	2 8	9	1 6	5 4	6	1 8	6 10
Grenadier	5	10	5 10	2 8	8 6	1	5 4	6	1 8	6 4
Tambour	7	10	7 10	2 8	10 6	3	5 4	6	1 8	6 4
FUSILIERS ET CHASSEURS.										
Sergent-Major	1 14 f d	1 1 f d	1 15 f 6 d	1 2 f 8 d	1 18 f 2 d	1 10 f d	5 f 4 d	6	1 2 f 4 d	15 4
Fourrier et Sergent	10 4	1 6	11 10	2 8	14 6	6 4	5 4	6	2 4	11 8
Caporal	7	10	7 10	2 8	10 6	3	5 4	6	1 8	8 4
Appointé	4 6	10	5 4	2 8	8	6	5 4	6	1 8	5 10
Carabinier	4 6	10	5 4	2 8	8	6	5 4	6	1 8	5 10
Fusilier, Chasseur & Enfant	4	10	4 10	2 8	7 6		5 4	6	1 8	5 4
Premier Tambour	6 6	10	7 4	2 8	10	1 6	5 4	6	1 8	5 10
Tambour ordinaire	6	10	6 10	2 8	9 6	2	5 4	6	1 8	5 4

OBSERVATIONS GÉNÉRALES A TOUTES LES ARMES.

Indépendamment de la Solde ci-dessus réglée, il sera fourni à chaque homme *présent aux drapeaux* ou *détaché pour le service*, une ration de pain de munition, du poids de 24 onces, et composé de 3 quarts de froment et 1 quart seigle sans extraction de son. Fait et arrêté Paris, le cinq juillet mil sept cent quatre-vingt-dix. *Signé* LOUIS. *Et plus bas*, LA TOUR-DU-PIN,

GRADES.	PAIE suivant l'ordonnance des revues, Du 20 juin 1788. Solde.	Linge & Chaussure	Total.	Augment en vertu des décrats.	TOTAL de la nouvelle fixation par jour	RÉPARTITION DE LA PAIE. Haute paie.	Au prêt.	A la poche	Au linge et chaussure	RETENUE pour journées d'hôpital, et d'étape.
INFANTERIE Allemande, Irlandaise et Liégeoise.										
ÉTAT-MAJOR.										
Adjudant	1 l 10 s d	l s d	1 l 10 s d	l 2 s 8 d	1 l 12 s 8 d	1 l 12 s 8 d	5 s 4 d	d	l s d	1 l 12 s 8 d
Tambour-major	17	2 6	19 6		18 2	10	5 4	6	2 4	15 4
Caporal-Tambour	9	1 10	10 10	1 8	12 6	5	5 4	6	1 8	8 4
Prévôt	17	2 6	19 6		18 2	10	5 4	6	2 4	15 4
Musicien	9 8	1 10	11 6	1 8	13 2	5 8	5 4	6	1 8	11
Maître Ouvrier	4	1 10	5 10	1 8	7 6		5 4	6	1 8	5 4
GRENADIERS.										
Sergent-major	17	2 6	19 6		19 2	11	5 4	6	2 4	16 4
Fourrier et Sergent	12 4	2 6	14 10	1 8	16 6	8 4	5 4	6	2 4	13 8
Caporal	8	1 10	9 10	1 8	11 6	4	5 4	6	1 8	9 4
Appointé	5 6	1 10	7 4	1 8	9	1 6	5 4	6	1 8	6 10
Grenadier	5	1 10	6 10	1 8	8 6	1	5 4	6	1 8	6 4
Tambour	7	1 10	8 10	1 8	10 6	3	5 4	6	1 8	6 4
FUSILIERS ET CHASSEURS.										
Sergent-major	17	2 6	19 6		18 2	10	5 4	6	2 4	15 4
Fourrier et Sergent	10 4	2 6	12 10	1 8	14 6	6 4	5 4	6	2 4	11 8
Caporal	7	1 10	8 10	1 8	10 6	3	5 4	6	1 8	8 4
Appointé	4 6	1 10	6 4	1 8	8	6	5 4	6	1 8	5 10
Carabinier	4 6	1 10	6 4	1 8	8	6	5 4	6	1 8	5 10
Fusilier, Chasseur et Enfant	4	1 10	5 10	1 8	7 6		5 4	6	1 8	5 4
Premier Tambour	6 6	1 10	8 4	1 8	10	2 6	5 4	6	1 8	5 10
Tambour ordinaire	6	1 10	7 10	1 8	9 6	2	5 4	6	1 8	5 4
INFANTERIE légère Française.										
ÉTAT-MAJOR.										
Adjudant	1 10 8		1 10	2 8	1 12 8	1 12 8				1 12 8
Tambour-major	14	1 6	15 6	2 8	18 2	19	5 4	6	2 4	15 4
Musicien	9 8	10	10 6	2 8	13 2	5 8	5 4	6	1 8	11
Maître Ouvrier	4	10	4 10	2 8	7 6		5 4	6	1 8	5 4
CHASSEURS										
Sergent major	14	1 6	15 6	2 8	18 2	10	5 4	6	2 4	15 4
Fourrier et Sergent	10 4	1 6	11 10	2 8	14 6	6 4	5 4	6	2 4	11 8
Caporal	7	10	7 10	2 8	10 6	3	5 4	6	1 8	8 4
Appointé	4 6	10	5 4	2 8	8	6	5 4	6	1 8	5 10
Premier Carabinier	5	10	5 10	2 8	8 6	1	5 4	6	1 8	6 4
Deuxième Carabinier	4 6	10	5 4	2 8	8	6	5 4	6	1 8	5 10
Chasseur et Enfant	4	10	4 10	2 8	7 6		5 4	6	1 8	5 4
Premier Tambour	6 6	10	7 4	2 8	10	2 6	5 4	6	1 8	5 10
Tambour ordinaire	6	10	6 10	2 8	9 6	2	5 4	6	1 8	5 4

Nota. La masse générale sera réduite de 72 à 54 liv. et affranchie du paiement d'un sou par homme par jour, qu'elle versoit à celle du linge et chaussure.

GRADES	SOLDE	LINGE et chaussure	TOTAL	Augment en vertu des décrets	TOTAL de la nouvelle fixation par jour	HAUTE PAIE	Au Prêt	À la poche	Au linge et chaussure	RETENUE pour journées d'hôpital et d'étape

INFANTERIE légère Corse.

ÉTAT MAJOR.

GRADES	SOLDE	LINGE et chaussure	TOTAL	Augment en vertu des décrets	TOTAL de la nouvelle fixation par jour	HAUTE PAIE	Au Prêt	À la poche	Au linge et chaussure	RETENUE pour journées d'hôpital et d'étape
Adjudant	1 l 10 s d	1 s d	1 l 10 s d	1 2 s 8 d	1 l 12 s 8 d	1 l 12 s 8 d	s d	d	l s d	1 l 12 s 8 d
Tambour-major	17	2 6	19 6		18 2	10	5 4	6	2 4	15 4
Musicien	9 8	1 10	11 6	1 8	13 2	5 8	5 4	6	1 8	11
Maître Ouvrier	4	1 10	5 10	1 8	7 6		5 4	6	1 8	5 4

CHASSEURS.

GRADES	SOLDE	LINGE et chaussure	TOTAL	Augment	Total nouvelle fixation	HAUTE PAIE	Au Prêt	À la poche	Au linge et chaussure	RETENUE
Sergent-major	17	2 6	19 6		18 2	10	5 4	6	2 4	15 4
Fourrier et Sergent	10 4	2 6	12 10	1 8	14 6	6 4	5 4	6	2 4	11 8
Caporal	7	1 10	8 10	1 8	10 6	3	5 4	6	1 8	8 4
Apointé	4 6	1 10	6 4	1 8	8	6	5 4	6	1 8	5 10
Premier Carabinier	5	1 10	6 10	1 8	8 6	1	5 4	6	1 8	6 4
Deuxième Carabinier	4 6	1 10	6 4	1 8	8	6	5 4	6	1 8	5 10
Chasseur et Enfant	4	1 10	5 10	1 8	7 6		5 4	6	1 8	5 4
Premier Tambour	6 6	1 10	8 4	1 8	10	2 6	5 4	6	1 8	7 10
Tambour ordinaire	6	1 10	7 10	1 8	9 6	2	5 4	6	1 8	7 4

CAVALERIE.

ÉTAT-MAJOR.

Nota. La masse générale sera réduite de 72 à 54 liv. et affranchie du paiement d'un sou par homme par jour, qu'elle versoit à celle du linge et chaussure.

GRADES	SOLDE	LINGE et chaussure	TOTAL	Augment	Total nouvelle fixation	HAUTE PAIE	Au Prêt	À la poche	Au linge et chaussure	RETENUE
Adjudant	1 10		1 10	2 8	1 12 8	1 12 8				1 12 8
Trompette-brigadier	15	1 6	16 6	2 8	19 2	10 4	6	6	2 4	16 4
Maître Maréchal	13 8	1 6	15 2	2 8	17 10	9	6	6	2 4	15
Maître Sellier	13 8	1 6	15 2	2 8	17 10	9	6	6	2 4	15
Maître Ouvrier	4 8	1 6	6 2	2 8	8 10		6	6	2 4	6

ESCADRONS.

GRADES	SOLDE	LINGE et chaussure	TOTAL	Augment	Total nouvelle fixation	HAUTE PAIE	Au Prêt	À la poche	Au linge et chaussure	RETENUE
Mar.-des-logis en chef	15	1 6	16 6	2 8	19 2	10 4	6	6	2 4	16 4
Mar.-des-logis ordinaire	13	1 6	14 6	2 8	17 2	8 4	6	6	2 4	14 4
Brigadier	7 4	1 6	8 10	2 8	11 6	2 8	6	6	2 4	8 8
Appointé	5 2	1 6	6 8	2 8	9 4	6	6	6	2 4	6 6
Cavalier et Enfant	4 8	1 6	6 2	2 8	8 10		6	6	2 4	6
Trompette	12	1 6	13 6	2 8	16 2	7 4	6	6	2 4	13 4

DRAGONS ET CHASSEURS.

Nota. Le corps des Carabiniers aura la même paie que les autres régimens de cavalerie.

ÉTAT-MAJOR.

GRADES	SOLDE	LINGE et chaussure	TOTAL	Augment	Total nouvelle fixation	HAUTE PAIE	Au Prêt	À la poche	Au linge et chaussure	RETENUE
Adjudant	1 10		1 10	2 8	1 12 8	1 12 8				1 12 8
Trompette-brigadier	15	1 6	16 6	2 8	19 2	10 8	5 8	6	2 4	16 4
Maître maréchal	13 8	1 6	15 2	2 8	17 10	9 4	5 8	6	2 4	15
Maître sellier	13 8	1 6	15 2	2 8	17 10	9 4	5 8	6	2 4	15
Maître ouvrier	4 2	1 6	5 8	2 10	8 6		5 8	6	2 4	5 8

ESCADRONS.

GRADES	SOLDE	LINGE et chaussure	TOTAL	Augment	Total nouvelle fixation	HAUTE PAIE	Au Prêt	À la poche	Au linge et chaussure	RETENUE
Mar.-des-logis en chef	15	1 6	16 6	2 8	19 2	10 8	5 8	6	2 4	16 4
Mar.-des-logis ordinaire	12	1 6	13 6	3 8	17 2	8 8	5 8	6	2 4	14 4
Brigadier	7 4	1 6	8 10	2 8	11 6	3	5 8	6	2 4	8 8
Appointé	4 8	1 6	6 2	2 10	9	6	5 8	6	2 4	6 2
Dragon, chass. et enfant	4 2	1 6	5 8	2 10	8 6		5 8	6	2 4	5 8
Trompette	12	1 6	13 6	2 8	16 2	7 8	5 8	6	2 4	13 4

PAIE SUIVANT L'ORDONNANCE DES REVUES, Du 20 juin 1788.

GRADES.	PAIE SUIVANT L'ORDONNANCE DES REVUES, Du 20 Juin 1788.			Augment en vertu des décrets.	TOTAL de la nouvelle fixation par jour.	RÉPARTITION DE LA PAIE.				RETENUE pour journées d'hôpital et d'étape.
	SOLDE.	LINGE et chaussure	TOTAL.			HAUTE PAIE.	Au Prêt.	A la poche.	Au linge et chaussure	
HUSSARDS.										
ÉTAT-MAJOR.										
Adjudant	1l 10s d	1 s d	1l 10s d	1 2s8d	1l 12s8d	1l 12s8d	s d	d	s d	1l 12s 8d
Trompette-brigadier	15	1 6	16 6	2 8	19 2	10 8	5 8	6	2 4	16 4
Maître Maréchal	13 8	1 6	15 2	2 8	17 10	9 4	5 8	6	2 4	15
Maître Sellier	13 8	1 6	15 2	2 8	17 10	9 4	5 8	6	2 4	5
Maître ouvrier	4 4	1 6	5 10	2 8	8 6		5 8	6	2 4	5 8
ESCADRONS.										
Mar.-de-logis en chef	15	1 6	16 6	2 8	19 2	10 8	5 8	6	2 4	16 4
Mar.-des-logis ordinaire	13	1 6	14 6	2 8	17 2	8 8	5 8	6	2 4	14 4
Brigadier	7	1 6	8 6	3	11 6	3	5 8	6	2 4	8 8
Appointé	4 10	1 6	6 4	2 8	9		5 8	6	2 4	6 2
Hussard et enfant	4 4	1 6	5 10	2 8	8 6		5 8	6	2 4	5 8
Trompette	12	1 6	13 6	2 8	16 2	7 8	5 8	6	2 4	13 4
CORPS-ROYAL de l'artillerie.										
ÉTAT-MAJOR.										
Tambour-major	19	1 8	1 8	2 8	1 3 4	14 8	5 8	6	2 6	1 12 8
Armurier	4 4	1	5 4	2 8	8		5 8	6	1 10	11
CANONNIERS BOMBARDIERS ET SAPEURS.										
Sergent-major	1 6 10	1 8	1 8 6	2 8	1 11 2	1 2 6	5 8	5 6	2 6	2 11 6
Sergent et Fourrier	17 8	1 8	19 4	2 8	1 2	13 4	5 8	6	2 6	1 11 4
Caporal	12 2	1	13 2	2 8	15 10	7 10	5 8	6	1 10	1 1 4
Appointé	9 2	1	10 2	2 8	12 10	4 10	5 8	6	1 10	18 4
Artificier	8 2	1	9 2	2 8	11 10	3 10	5 8	6	1 10	16 4
1er. cann. bomb. et sap.	7 2	1	8 2	2 8	10 10	2 10	5 8	6	1 10	15 4
Second idem	5 4	1	6 4	2 8	9	1	5 8	6	1 10	11 6
Apprenti idem	4 4	1	5 4	2 8	8		5 8	6	1 10	11
Tambour	7 2	1	8 2	2 8	10 10	2 10	5 8	6	1 10	13 4
MINEURS.										
Sergent-major	1 6 10	1 8	1 8 6	2 8	1 11 2	1 1 6	6 8	6	2 6	1 11 6
Sergent	17 8	1 8	19 4	2 8	1 2	11 4	6 8	6	2 6	1 11 4
Caporal	12 2	1	13 2	2 8	15 10	6 10	6 8	6	1 10	1 1 4
Appointé	9 2	1	10 2	2 8	12 10	3 10	6 8	6	1 10	18 4
Mineur	8 2	1	9 2	2 8	11 10	2 10	6 8	6	1 10	16 4
Apprenti	5 4	1	6 4	2 8	9		6 8	6	1 10	11 6
Tambour	7 2	1	8 2	2 8	10 10	1	6 8	6	1 10	13 4
OUVRIERS.										
Sergent-major	1 13 6	1 8	1 15 2	2 8	1 17 10	1 5 10	9	6	2 6	2 13 10
Sergent	17 8	1 8	19 4	2 8	1 2	10	9	6	2 6	1 11 4
Caporal	15 8	1	16 8	3 8	19 4	8	9	6	1 10	1 5 10
Appointé	13 8	1	14 8	2 8	17 4	6	9	6	1 10	1 2 10
Premier Ouvrier	12	1	13 8	2 8	16 4	5	9	6	1 10	10
Second Ouvrier	9 8	1	10 8	2 8	13 4	2	9	6	1 10	18 10
Apprenti	7 8	1	8 8	2 8	11 4		9	6	1 10	15 10
Tambour	7 2	1	8 2	2 8	10 10	1	6 6	6	1 10	13 4

Supplémens de paie conservés dans les régimens étrangers.

III. Les tambourgs-majors, prévôts et sergens-majors actuels des régimens d'infanteries allemande, irlandaise et liégeoise, et des bataillons d'infanterie légère Corse conserveront jusqu'à leur extinction, le supplément de paie de la différence qui existe entre leur actuelle et celle qui leur est attribuée par la présente ordonnance.

S A V O I R :

Les tambourgs-majors... 1 s. 4 d.
Les prévôts.................. 1   4
Les sergens - majors de grenadiers.........................   4
Les sergens-majors de fusiliers et chasseurs......... 1   4

Ils seront payés de ce supplément à l'époque des revues, sur des états nominatifs qui, pour constater l'existence desdits hommes, devront être certifiés par conseil d'administration, arrêtés par les commissaires des guerres chargés de la police du régiment, et ordonnancées par les ordonnateurs.

Supplémens de paie conservés dans le corps des carabiniers.

IV. Le corps des carabiniers de Monsieur ayant joui, depuis le premier mai dernier, de l'augmentation provisoire de dix-sept deniers, tant en argent qu'en pain de munition, qui avoit été accordée à tous les régimens de l'armée, et ne devant, en vertu des susdits décrets, jouir que de la paie accordée aux autres régimens de cavalerie, lesdits dix-sept deniers seront imputés sur l'augmentation de vingt deniers qui reviendra à chaque maître tailleur, armurier et bottier, ainsi qu'aux brigadiers, appointés, carabiniers et trompettes.

Les maîtres maréchaux et selliers ne recevant par la présente ordonnance qu'une augmentation de quatre deniers, les treize deniers qu'ils ont reçus de plus, depuis le premier mai

dernier jusqu'au 30 juin inclus ,
leur seront accordés en gratification.

Les adjudans, maréchaux-des-logis
ordinaires, et trompettes-brigadiers
devant éprouver au contraire une diminution de traitement , l'intention de
sa majesté est que la totalité des dix-
sept deniers qu'ils ont touchée en
augmentation provisoire , depuis le
premier mai jusqu'au 30 juin leur
soit allouée en gratification.

Et qu'il leur soit en outre conservé
jusqu'à leur extinction , l'excédant de
paie dont ils jouissoient en sus de
la nouvelle paie qui leur est fixée par
la présente ordonnance , suivant le
détail ci-après.

S a v o i r :

Aux adjudans.................... » 8 d.
Aux trompettes, major ,
ou brigadier......................... 2 s. 4.
Aux maréchaux-des-logis
en chef................................ » 4
Aux marechaux-des-logis
ordinaires........................... » 4.

Lesquels paiemens leur seront faits, à compter du premier mai dernier, à l'époque des revues, sur des états nominatifs qui constateront leur existence, et seront certifiés, arrêtés et ordonnancés comme ceux mentionnés en l'article précédent.

Lesdits états comprendront, pour les mois de mai et juin, les gratifications des treize et dix-sept deniers accordés aux autres grades, en vertu des dispositions ci-dessus énoncées.

Les maréchaux-des-logis en chef, premiers appointés, premiers trompettes et maîtres armuriers, éperonniers, auxquels l'ordonnance de 1788 avoit conservé la solde qui leur avoit été accordée par l'ordonnance de 1786, seront portés sur ces mêmes états, et continueront à jouir de la différence qui existera entre ladite solde et celle qui leur est attribuée par la présente ordonnance.

Supplémens de paie conservés pour les cavaliers incorporés dans les chasseurs.

V. A l'égard des cavaliers incorporés en 1788, dans les régimens de chasseurs à cheval, ils ne jouiront, à compter du premier mai, que de la paie accordée aux régimens de chasseurs par la présente ordonnance ; mais comme ils ont reçu pendant les mois de mai et juin le supplément dont ils jouissoient comme cavaliers, en vertu des ordonnances de 1788, ce supplément leur sera accordé en gratification pour les mois de mai et juin seulement, et le paiement en sera constaté par des états arrêtés dans la forme indiquée par les articles précédens.

Emploi de la paie.

VI La répartition et l'emploi de la paie seront faits conformément au tarif ci-annexé, de manière que la totalité de la somme portée à la colonne du prêt, soit employée tant à l'ordinaire du soldat, qu'à son blanchissage et à sa tenue de propreté.

Les six deniers destinés à la poche, seront compris sur la feuille de prêt, mais remis au soldat par le chef de chambrée, immédiatement après la distribution, pour être employés par lui à son usage particulier.

Quant à la somme affectée au linge et chaussure elle continuera à être versée, à l'époque de chaque revue, à la masse du linge et chaussure, pour être employée à procurer au soldat les effets qui sont actuellement à la charge de cette masse.

Retenue des quatre onces de pain de munition fournies en supplément.

VII. Les quatre onces de supplément de pain qui ont été fournies depuis le premier mai dernier, cesseront d'avoir lieu, à compter du premier de juillet, et le montant en sera retenu à raison de cinq deniers sur les vingt-deux ajoutés au prêt ou à la poche, de manière que le soldat qui aura reçu les vingt-huit onces, ne touche du premier mai au 30 juin, que dix-sept deniers d'augmentation au prêt, et que celui qui ne les aura pas reçues en touche vingt-deux.

La retenue de cés quatre onces en supplément se fera par un décompte arrêté entre le régiment et l'administration des subsistances militaires ; ainsi la revue n'en devra pas moins porter l'augmentation des trente-deux demers en totalité.

Exception pour les régimens suisses.

VIII. Les régimens suisses et grisons ayant reçu comme les autres régimens de l'armée, depuis le premier mai dernier, les quatre onces de pain de munition en supplément, elles leur seront allouées à titre de gratification extraordinaire jusqu'au 30 juin ; mais à compter du premier juillet, il ne leur sera fourni qu'une ration

ration de pain de munition du poids de vingt-quatre onces pour chaque *présent aux drapeaux ou détaché pour le service*, et ce au moyen d'une déduction de dix-huit deniers qui sera faite sur la solde de chaque homme *présent ou absent*, pour être versée à la masse de boulangerie, conformément à l'ordonnance des revues du 20 juin 1788.

La fourniture extraordinaire des quatre onces de pain fournies en supplément, du premier mai au 30 juin, sera justifiée par des états faits par relevé sur la revue, lesquels constateront le nombre d'hommes auxquels le supplément aura dû être fourni, et par résultat, le nombre de rations de quatre onces : ces états seront certifiés par les conseils d'administration, et arrêtés par les commissaires des guerres, pour opérer la décharge de l'administration des subsistances militaires, avec laquelle les régimens en arrêteront le décompte.

D

Masse du linge et chaussure.

IX. La masse du linge et chaussure continuera à être portée sur les revues, et payée aux régimens sur le pied du complet, d'après les sommes fixées pour les différentes armes, par la présente ordonnance.

Les régimens en feront le décompte à la troupe, sur le pied de l'effectif; et le produit de l'incomplet, après chaque décompte, sera versé à la masse générale.

Le décompte de la masse du linge et chaussure se fera, à compter du premier juillet, pour les mois de mai et juin, conformément à la nouvelle fixation, et ensuite de trois mois en trois mois sur le même pied.

L'intention de sa majesté étant de porter la masse du linge et chaussure de chaque homme, dans l'infanterie et l'artillerie, à trente-six livres pour les sous-officiers, et à vingt-quatre livres pour les soldats, canoniers, ouvriers et mineurs, et à trente-six livres dans les troupes à cheval, sans distinction de grade, il sera retenu deux livres à chaque homme sur le décompte de 'mai et juin, et trois livres ensuite sur chaque décompte, jusqu'à ce que le fonds de la masse soit complet.

L'emploi de cette masse sera, jusqu'à nouvel ordre, suivi et surveillé conformément aux ordonnances d'administration.

Sa majesté ordonne que les sommes qui, lors du décompte, excéderoient la masse fixée à chaque homme par le présent article, lui soient exactement payées à chaque décompte

Lorsqu'un sous-officier ou soldat obtiendra son congé, soit par ancienneté, soit par grace, le décompte de sa masse lui sera fait et payé en entier, à la déduction de ce qu'il pourroit redevoir au régiment.

Masse générale.

X. Les masses générales, tant dans l'infanterie que dans les troupes à cheval, continueront, jusqu'à nouv ordre, à être payées et comprises sur les revues des commissaires des guerres, sur le pied réglé par les dernières ordonnances, à l'exception de la masse générale des régimens d'infanterie allemande, irlandaise et liégeoise, et des bataillons de chasseurs corses, qui sera réduite provisoirement, à compter du premier mai dernier, de soixante-douze livres à cinquante-quatre livres, et déchargée du paiement de dix-huit livres par homme et par an, qu'elle avoit à faire à chaque sous-officier et soldat.

Masses de boulangerie, hôpital et fourrages.

XI. Les masses de boulangerie, hôpital et fourrages, continueront, jusqu'à nouvel ordre, à être portées sur les revues des régimens, d'après les formes déterminées par les dernières ordonnances.

Retenues pour journées d'hôpital.

XII. Les feuilles de retenues pour journées d'hôpitaux, continueront à être expédiées sur les régimens par les hôpitaux auxiliaires et régimentaires, sur le pied du prix de la journée, conformément aux dernières ordonnances, quel que soit le grade de l'homme.

Celles des hôpitaux de charité, seront établies d'après le prix total de leurs marchés, quel que soit le grade de l'homme.

Les unes et les autres seront acquittées en entier par les régimens, sur la masse de neuf livres, laissée à leur disposition.

Les régimens sont autorisés à retenir sur les hommes qui auront été aux hôpitaux, en remboursement desdites journées, la totalité des sommes portées sur l'état y annexé, tant à la colonne des hautes-paies qu'à celle du prêt, de manière que les six deniers de poche restent toujours intacts, pour être payés à l'homme à son retour au régiment, en vertu du rappel qui en sera fait à la première revue.

Le caporal-tambour et les tambours conserveront en outre les deux sous de haute-paie qui leur sont accordés pour l'entretien de leur caisse.

Le montant de ces retenues sera versé à la masse d'hôpital, et réuni aux neuf livres destinées à la former.

Retenues pour journées d'étape.

XIII. Les hommes marchant par étape, supporteront la retenue entière, tant de la haute-paie que du prêt ; mais le décompte des six deniers de poche devra leur être fait à leur arrivée, d'après le rappel qui en sera fait sur la revue.

Il continuera à être fait aux troupes du corps royal de l'artillerie, lorsqu'elles marcheront par étape, un décompte de supplément de solde de la somme qui reviendra à chaque grade, déduction faite de celle à re-

tenir pour fourniture d'étape , con
formément au tarif ci-annexé , et à
l'ordonnance de 1775 qui avoit déterminé ce supplément.

Suppression des masses de compagnie.

XIV. Les masses de compagnie
établies par les ordonnances d'administration de 1788 , seront et demeureront supprimées , et les retenues
qui servoient à les former , d'après
le titre II desdites ordonnances , cesseront du jour de la publication de
la présente ordonnance.

Le soldat pourvoira par lui-même
aux dépenses , au paiement desquelles
ces masses étoient destinées , et les
chefs des corps y tiendront la main.

Les sommes qui se trouveront actuellement exister dans les masses
des différentes compagnies , seront
réunies pour la totalité du régiment,
pour , après compensation faite des
déficits qui pourroient exister dans
quelques compagnies , être ensuite
réparties également à chaque hom-

me présent aux drapeaux ou détaché.

A l'égard des hommes actuellement absens par congé et la solde desquels il devoit être fait une retenue au profit des masses de compagnie, d'après les dispositions de ladite ordonnance, il sera prélevé sur leur solde, depuis l'époque de leur départ jusqu'au 30 juin inclus, la somme prescrite par ladite ordonnance ; le montant en sera réuni à la masse de compagnie et réparti ainsi qu'il vient d'être dit.

Le produit de la vente du fumier des chevaux de troupes, sera versé dorénavant par compagnie à la masse du linge et chaussure, avoir prélevé les dépenses d'écurie.

Augmentation de paie des compagnies d'invalides.

XV. Les compagnies d'invalides détachés jouiront, à compter du premier mai dernier, d'une augmentation provisoire de trente-deux denires, en

attendant qu'il ait été statué définiti-
vement sur la solde de ces compagnies , pour l'assimiler à celle de l'infanterie.

Revues.

XVI. Les revues continueront ,
jusqu'à nouvel ordre, à être faites
sur le pied de trente jours par mois ;
mais la masse générale sera tenue de
faire à chaque homme le décompte
de sa paie entière pour les 31.

XVII. Les ordonnances d'administration de 1788 et celle des revues
continueront à être suivies, jusqu'à
nouvel ordre, en tout ce qui n'est
pas contraire aux dispositions de la
présente ordonnance.

Loi concernant l'avancement militaire, du 29 octobre 1790.

CHAPITRE PREMIER.

Nominations aux places de sous officiers.

ARTICLE PREMIER.

L'on comprendra à l'avenir, dans la dénomination de sous-officiers dans l'infanterie, les sergens-majors, les sergens, les caporaux-fourriers et les caporaux.

Dans les troupes à cheval, les maréchaux-des-logis en chef, les maréchaux-des-logis, les brigadiers-fourriers et les brigadiers.

Nomination des caporaux et des brigadiers.

II. Les caporaux dans l'infanterie, et les brigadiers dans les troupes à cheval présenteront, chacun à leur capitaine, celui des soldats ou cavaliers de leur compagnie qu'ils jugeront le plus capable d'être élevé au grade de caporal ou de brigadier.

III. Le capitaine choisira un sujet parmi ceux qui lui auront été présentés.

IV. Il sera formé une liste de tous les sujets choisis par les capitaines.

V. Lorsqu'il vaquera une place de caporal ou de brigadier dans une compagnie , le capitaine de cette compagnie choisira trois sujets dans la liste.

VI. Parmi ces trois sujets , le colonel choisira celui qui devra remplir la place vacante.

VII. Lorsque la liste sera réduite au-dessous de moitié , elle sera supprimée , et il en sera fait une nouvelle, en suivant les mêmes procédés.

Nomination des caporaux, et des brigadiers-fourriers.

VIII. Lorsqu'il vaquera une place

de caporal ou de brigadier-fourrier dans une compagnie, le capitaine de cette compagnie choisira parmi tous les caporaux ou brigadiers, et parmi tous les soldats ou cavaliers du régiment, ayant au moins deux ans de service, le sujet qui devra la remplir.

Nomination des sergens et des Maréchaux des-logis.

IX. Les sergens-majors et les sergens dans l'infanterie, les maréchaux-des-logis en chef, et les maréchaux-des-logis dans les troupes à cheval, présenteront chacun à leur capitaine, celui des caporaux ou brigadiers de leurs compagnies qu'ils jugeront le plus capable d'être élevé au grade de sergent ou de maréchal-des-logis.

X. Le capitaine choisira un sujet parmi ceux qui lui auront été présentés.

XI. Il sera formé une liste de tous les sujets choisis par les capitaines.

(85)

XII. Lorsqu'il vaquera une place
de sergent ou de maréchal-des-logis
dans une compagnie, le capitaine de
cette compagnie choisira trois sujets dans la liste.

XIII. Parmi ces trois sujets, le
colonel choisira celui qui devra occuper la place vacante.

Nomination des sergens-majors et
des maréchaux-des-logis en chef.

XIV. Lorsqu'il vaquera une place
de sergent-major ou de maréchal-des-
logis en chef, les sergens-majors et
les maréchaux-des-logis en chef du
régiment, présenteront, chacun pour
la remplir, un sergent ou maréchal-
des-logis de leur compagnie, et il
en sera formé une liste.

XV. Le capitaine de la compagnie lorsque la place de sergent-major
où de maréchal-des-logis en chef sera
vacante, choisira trois sujets sur la
liste de ceux qui auront été présentés
par les sergens-majors ou maréchaux-
des-logis en chef.

XVI. Parmi ces trois sujets, le
colonel choisira celui qui devra remplir la place vacante.

Nomination des adjudans.

XVII. Lorsqu'il vaquera une place d'adjudant , les officiers-supérieurs réunis , nommeront- à la pluralité des voix , parmi tous les sergens ou maréchaux-des-logis du régiment , celui qui devra la remplir , et dans le cas où les voix se porteroient sur trois sujets différens, la voix du colonel sera prépondérante.

XVIII. Les sergens ou maréchaux-des-logis, nommés aux places d'adjudans, concoureront, du moment de leur nomination, avec les sous-lieutenans , (sans cependant être brevetés,) pour arriver à la lieutenance et ils pourront rester adjudans jusqu'à ce que leur ancienneté les y porte.

XIX. Lorsqu'un sergent ou maréchal-des-logis, moins ancien que les adjudans, sera fait sous-lieutenant , les adjudans jouiront , en gratification et par supplément d'appointemens , des appointemens du grade de sous-lieutenant.

TITRE II.

Nomination aux places d'offi.ciers.

ARTICLE PREMIER.

Nomination au grade d'officier.

Il sera pourvu de deux manières aux emplois de sous lieutenans, lesquels seront partagés entre les sujets qui auront passé par les grades de soldats, cavaliers et sous-officiers, et ceux qui arriveront immédiatement au grade d'officier, après avoir subi les examens dont il sera parlé ci-après.

II. Sur quatre places de sous lieutenans vacantes par régiment, il en sera donné une aux sous-officiers.

III. Les places de sous-lieutenans, destinées aux sous-officiers, seront données alternativement à l'ancienneté et au choix.

IV. L'ancienneté se prendra sur tous les sergens et maréchaux-des-logis indistinctement, à dater de leur nomination.

V. Le choix aura lieu parmi tous les sergens ou maréchaux-des-logis, et il sera fait par tous les officiers ayant vingt-cinq ans d'âge , et par les officiers supérieurs , à la majorité absolue des suffrages.

VI. Quant aux autres places de sous-lieutenans, il y sera pourvu par le concours , d'après des examens publics, dont le mode sera déterminé par un décret particulier.

Nomination aux emplois de lieutenant.

VII. Les sous-lieutenans de toutes les armes , sans aucune exception, parviendront, à leur tour d'ancienneté dans leur régiment , aux emplois de lieutenant.

Nomination aux emplois de capitaine.

V·III. Les lieutenans de toutes les

armes, sans aucune exception, parviendront, à leur tour d'ancienneté dans leur régiment, aux emplois de capitaine.

Nomination aux emplois de quartier-maître.

IX. Les quartiers-maîtres seront choisis par les conseils d'administration, à la pluralité des suffrages.

X. Les quartiers-maîtres pris parmi les sous-officiers, auront le rang de sous-lieutenant ; ils conserveront leur rang s'ils sont pris parmi les officiers.

XI. Les quartiers-maîtres suivront leur avancement dans les différens grades, pour le grade seulement, ne pouvant jamais être titulaires ni avoir de commandement, mais jouissant en gratification et par supplément d'appointemens, de ceux attribués aux différens grades où les portera leur ancienneté.

Nomination aux emplois de lieutenant-colonel.

XII. On parviendra du grade de capitaine à celui de lieutenant-colonel, par l'ancienneté et par le choix du roi, ainsi qu'il va être expliqué.

XIII. L'avancement au grade de lieutenant colonel, soit par ancienneté, soit par le choix du roi, sera pendant la paix sur toute l'arme ; à la guerre, le tour d'ancienneté sera sur le régiment.

L'infanterie française formera une arme.

L'infanterie étrangère et suisse formeront chacune une arme.

Les troupes à cheval indistinctement, formeront une seule arme.

L'artillerie et le génie formeront deux armes différentes.

XV. Sur trois places de lieutenans-colonel, vacantes dans une arme, deux seront données aux plus anciens capitaines en activité de l'arme, et la troisième par le choix du roi, à

un capitaine en activité dans cette
arme , depuis deux ans au moins.

Nomination aux places de colonel.

XVI. On parviendra du grade
de lieutenant-colonel à celui de colonel, par ancienneté et par le choix
du roi, ainsi qu'il va être expliqué.

XVII. L'avancement au grade
de colonel, soit par ancienneté , soit
par le choix du roi, sera pendant la
paix sur toute l'arme ; à la guerre ,
le tour d'ancienneté sera sur le régiment.

XVIII. Sur trois places de colonels , vacantes dans une arme , deux
seront données aux plus anciens lieutenans-colonels en activité de l'arme,
et la troisième par le choix du roi ,
à un lieutenant - colonel en activité
dans cette arme , depuis deux ans au
moins.

*Nomination au grade de maréchal-
de-camp.*

XIX. On parviendra du grade

de colonel à celui de maréchal-de-camp, par ancienneté et par le choix du roi, ainsi qu'il va être expliqué.

XX. Sur quatre places vacantes dans le nombre fixé des maréchaux-de-camp en activité, deux seront données aux plus anciens colonels en activité de l'arme, et deux au choix du roi, aux colonels en activité depuis deux ans au moins.

XXI. Si un colonel, que son tour d'ancienneté porteroit au grade de maréchal-de-camp, préféroit se retirer avec ce grade, à y être en activité, s'il en auroit la liberté, et recevroit la retraite fixée pour les colonels, sans égard à son grade de maréchal - de - camp.

XXII. Le colonel qui préféreroit se retirer avec le grade de maréchal-de-camp sans y être employé, ne pourroit néanmoins faire perdre le tour d'ancienneté à celui qui le suivroit, et qui dans ce cas seroit nommé à la place vacante.

Nomination au gráde de lieutenant-
général.

XXIII. On parviendra du grade de maréchal-de-camp à celui de lieutenant-général , par ancienneté et par le choix du roi , ainsi qu'il va être expliqué.

XXIV. Sur quatre places vacantes dans le nombre fixé des lieutenans-généraux en activité , deux seront données aux plus anciens maréchaux-de-camp en activité , et deux au choix du Roi , à des maréchaux-de-camp également en activité.

XXV. Si un maréchal de-camp , que son tour d'ancienneté porteroit au grade de lieutenant-général , préféroit de se retirer avec ce grade , à y être en activité , il en auroit la liberté , et recevroit la retraite fixée pour les maréchaux-de-camp , sans égard cependant à son grade de lieutenant-général.

XXVI. Le maréchal - de - camp qui préféreroit se retirer avec le grade de lieutenant-général , sans y être employé, ne pourroit néanmoins faire perdre le tour d'ancienneté à celui qui le suivroit, et qui, dans ce cas, seroit nommé à la place vacante.

XXVII. Le grade de Maréchal-de-France sera conféré par le choix du roi.

Du remplacement des officiers réformés par la nouvelle organisation.

TITRE PREMIER.

Les officiers réformés par la nouvelle organisation, seront remplacés suivant les règles établies ci-après.

ARTICLE PREMIER.

Sous-lieutenans réformés.

Les sous-lieutenans en activité , réformés par la nouvelle organisation , seront remplacés dans leur régiment aux premières places vacantes de leur grade , sans concurrence avec

les officiers de ce grade qui n'y auroient pas été employés en activité.

*Porte-drapeaux , porte-étendards et
porte-guidons réformés.*

II. Les portes-drapeaux, portes-
étendards et portes-guidons réformés
par la nouvelle organisation, seront
remplacés dans le grade de sous-
lieutenans , parmi lesquels ils prendront rang de la date de leur brevet ,
ou lettre de porte-drapeaux, porte-
étendards et porte-guidons , conformément à ce qui va être prescrit.

*Rang de porte-drapeaux , etc. parmi
les sous-lieutenans.*

III. Les porte-drapeaux , porte-
étendards et porte-guidons , prendront rang parmi les sous-lieutenans, de la date de leur brevet ou
lettre de porte-drapeaux, porte-étendards et porte-guidons ; et d'après
cette disposition , ils suivront leur
avancement au grade de lieutenant :

il en sera de même des sous lieutenans, ci-devant dit de fortune.

Rang des porte-drapeaux, &c. parmi les lieutenans.

IV. Les porte-drapeaux , porte-étendards , porte-guidons et sous-lieutenans , ci-devant dits de fortune, promus au grade de lieutenant , prendront rang parmi les lieutenans , suivant celui qu'ils devroient occuper s'ils avoient été promus à ce grade à leur tour de sous - lieutenans ; et d'après cette disposition, ils suivront leur avancement au grade de capitaine dans lequel ils prendront rang de la date de leur brevet de ce grade.

Cadets - gentilshommes et sous-lieutenans de remplacement.

V. Les ci-devant cadets - gentils-hommes et les sous - lieutenans de remplacement , seront remplacés dans leur arme , et sur toute l'arme ,

au

aux premières places vacantes de sous-lieutenans, sans nuire néanmoins au droit accordé aux sous-officiers , d'obtenir une place sur quatre , immédiattement après le remplacement des sous-lieutenans en activité , réformés par la nouvelle organisation.

VI. Les ci-devant cadets-gentilshommes ayant eu le brevet d'officier , comme sous-lieutenans de remplacement , et les sous-lieutenans de remplacement , prendront rang parmi les sous-lieutenans en en rentrant en activité de la date de leur brevet de sous-lieutenans.

Lieutenans réformés et remis sous-lieutenans.

VII. Les lieutenans en activité, réformés ou remis en activité comme sous-lieutenans par la nouvelle organisation , seront remplacés aux premières places vacantes de leur grade dans le régiment, sans concurrence avec les officiers qui auroient droit , par leur ancienneté , à leur avance

E

ment dans ce grade , mais qui n'y auroient pas été employés en activité.

Capitaines réformés.

VIII. Les capitaines ayant troupe dans les troupes à cheval, et les capitaines en second dans l'infanterie, réformés par la nouvelle organisation , seront remplacés par ancienneté , aux premières places vacantes de leur grade dans leur régiment.

Lieutenant avec brevet de capitaine.

IX. Les lieutenans pourvus de la commission de capitaine , ne pourront prétendre à être remplacés dans ce grade , que lorsque leur tour d'ancienneté dans le grade où ils sont , les y portera.

Ces officiers néanmoins prendront rang dans la colonne des capitaines de leur arme , de la date de leur commission dans ce grade , pour concourir à leur avancement par ancienneté aux emplois supérieurs, sans pouvoir cependant reprendre rang, pour le commandement dans les régimens, sur les officiers du même grade qui y auroient été en activité avant eux, et parvenir aux emplois supérieurs avant d'avoir été en activité pendant deux ans comme capitaines.

Majors réformés.

Le grade de major étant supprimé dans la nouvelle organisation, les majors prendront le grade de lieutenant-colonel.

Ne pourront cependant les majors titulaires et ceux par brevets, prendre rang qu'après les lieutenans-colonels titulaires pour le commandement dans les régimens : mais ils prendront leur rang d'ancienneté dans la colonne des lieutenans-colonels, pour l'avancement aux places de colonel, en comptant deux années de major, pour une de lieutenant-colonel.

Capitaines et lieutenans colonels pourvus de grades supérieurs.

Les officiers en activité dans les grades de capitaine et lieutenant-colonel, et pourvus de brevets de grades supérieurs, ne pourront prétendre à y être remplacés, que lorsque leur tour d'ancienneté dans le grade où ils sont en activité les y portera, ou que par le choix du roi.

XII. Les officiers pourvus de brevet du grade supérieur à celui dans lequel ils sont en activité, prendront néanmoins rang dans la colonne des officiers de ce grade, pour leur avancement à un emploi supérieur, de la date de leur brevet ; mais ils ne pourront en être susceptibles qu'après avoir été deux ans en activité dans le grade dont ils ont le brevet, et ne pourront prendre rang pour le commandement dans les régimens , sur les officiers du même grade qui y auroient été en activité avant eux.

Maréchaux-de-camp à remplacer.

XIII. Les maréchaux-de-camp qui ne seront pas pris dans le nombre de ceux conservés en activité, pourront y être remplacés par moitié dans le nombre réservé au choix du roi, par l'article XX du titre II de l'avancement.

Lieutenens-généraux à remplacer.

XIV. Les lieutenans-généraux qui ne seront pas compris dans le nombre de ceux conservés en activité, pourront y être remplacés par moitié dans le nombre réservé au choix du roi, par l'article XXIV du titre II de l'avancement.

XV. Les officiers de tous les grades et de toutes les armes actuellement en activité, réformés par la nouvelle organisation, conserveront, jusqu'à leur remplacement dans leur grade, la moitié des appointemens dont ils jouissent en ce moment. Si la réforme porte sur des officiers parvenus par les grades de soldats et de sous-officiers, ils conserveront en entier, jusqu'à leur remplacement ou leur retraite, les appointemens dont ils jouissent en ce moment.

TITRE II.

Du remplacement des officiers réformés ou à la suite.

ARTICLE PREMIER.

Les officiers réformés ou à la suite, ci-après dénommés, auront seuls droit d'être remplacés, ainsi qu'il va être prescrit; mais ils ne pourront l'être qu'après que les officiers réformés par la nouvelle organisation seront rentrés en activité.

II. Les officiers réformés ou à la suite, qui ont 35 ans de service; ceux qui, depuis plus de dix ans, n'ont pas occupé d'emplois titulaires dans la ligne, à l'exception des capitaines de remplacement et de ceux dits de réforme dans les troupes à cheval, (qui n'auroient pas néanmoins refusé d'être remplacés , ou quitté l'activité comme capitaines) n'auront pas droit au remplacement , et ils recevront des traitemens de retraite proportionnés à leurs services , d'après ce qui a été fixé par le décret relatif aux retraites militaires.

Remplacement des colonels attachés.

III. Les colonels attachés seront remplacés aux premières places de colonels vacantes dans leur arme , concurremment avec les lieutenans-colonels en activité , de la manière suivante :

Sur neuf places vacantes, six seront données à l'ancienneté , et trois au choix du roi.

Des six d'ancienneté , quatre seront données aux plus anciens lieutenans colonels en activité , conformément à l'article XVIII du titre II de l'avancement ; les deux autres seront données aux plus anciens colonels attachés.

Sur les trois places qui seront au choix du roi, deux seront données à des lieutenans-colonels en activité, sans égard à leur ancienneté, pourvu qu'ils soient en activité depuis deux ans au moins dans ce grade ; et la troisième, à un colonel attaché, sans égard à son ancienneté dans ce grade.

IV. Les officiers avec le brevet de colonel, qui ont subi des réformes dans les différens corps de la maison du roi et dans la gendarmerie, et qui, par les ordonnances de réforme de ces corps, ont été conservés à la suite de l'armée et avec droit à y être remplacés, prendront rang après les colonels attachés.

Du remplacement des majors en second.

V. Les majors en second, qui n'ont aucun autre brevet supérieur à ce grade, seront remplacés aux places de lieutenans-colonels de la manière suivante :

Sur neuf places vacantes, six seront données à l'ancienneté, et trois au choix du roi.

Des six d'ancienneté, quatre seront données aux plus anciens capitaines en activité, conformément à l'article XV du titre II de l'avancement ; les deux autres seront données aux plus anciens majors en second.

Sur les trois places qui seront au choix du roi, deux seront données à des capitaines en activité, sans égard à l'ancienneté, pourvu qu'ils soient en activité depuis deux ans au moins dans ce grade, et la troisième à un major en second, sans égard à son ancienneté dans ce grade.

VI. Les majors en second pourront en outre concourir, pour leur avancement, au grade de lieutenant-colonel, à leur tour d'ancienneté comme capitaines.

Majors en second avec le brevet de colonel.

VII. Les majors en second qui jouissent du brevet de colonel, pren-

dront rang parmi les colonels attachés, de la date de leur brevet.

Majors en second avec le brevet de
lieutenant-colonel.

VIII. Parmi les majors en second,
ceux qui jouissent du brevet de lieutenant-colonel, seront les premiers à
être remplacés dans ce grade, et ils
ne pourront, sans y avoir été en
activité, parvenir à celui de colonel.

IX. Les officiers avec le brevet de
lieutenant-colonel, qui ont subi des
réformes dans les corps de la maison
du roi et dans la gendarmerie, et
qui, par les ordonnances de réforme
de ces corps, ont été conservés à la
suite de l'armée, et avec droit à y
être remplacés, le seront les premiers dans le grade de lieutenant-
colonel, concurremment avec les
majors en second qui jouissent du
même grade.

X. Les colonels des régimens de
grenadiers-royaux et des régimens
provinciaux, susceptibles de rempla-

cement, concourront, pour parvenir aux places de colonel, par moitié, avec les colonels attachés dans
le nombre de ces places réservé au
choix du roi par l'article XVIII du
titre II de l'avancement ; et ceux de
ces colonels qui auront été lieutenans-
colonels titulaires, concourront en
outre, pour rentrer en activité,
comme colonels, quelle que soit leur
ancienneté de service, avec les lieutenans-colonels titulaires en activité,
les années de major leur comptant
deux pour une.

XI. Les lieutenans - colonels et
majors des régimens de grenadiers-
royaux et des régimens provinciaux,
et les commandans de bataillons,
susceptibles de remplacement, concourront, pour parvenir aux places de lieutenant - colonel, par moitié
avec les majors en second, dans le
nombre de ces places réservé au
choix du roi, par l'article XV du
titre II de l'avancement.

XII. Les capitaines de remplacement dans l'infanterie n'étant point

dans le cas de rentrer en activité dans ce grade, par l'ordonnance de 1788, et ne pouvant conserver à l'avenir le droit qui leur étoit accordé par cette même ordonnance, d'arriver à d'autres emplois sans avoir été en activité dans celui de capitaine, pourront monter aux compagnies à leur tour de lieutenans, dans les régimens où ils ont eu ce grade, pourvu qu'ils n'aient pas perdu leur activité comme lieutenans, depuis plus de six ans.

Conserveront cependant ceux des capitaines de remplacement qui ne demanderont pas à être remplacés, ainsi que tous les autres officiers qui, ayant droit au remplacement, ne voudront pas y prétendre, et qui auront au moins quinze ans de service, le droit à la croix de Saint-Louis, qui leur étoit réservé par la susdite ordonnance.

XIII. Les capitaines surnuméraires dans les régimens étrangers, suivront pour leur remplacement en activité, comme capitaines, et pour la croix

dè Saint-Louis et du Mérite , ce
qui est prescrit pour les capitaines
de remplacement de l'infanterie.

XIV. Les capitaines de remplacement des troupes à cheval seront
remplacés sur toute l'arme de la manière suivante :

Sur trois places vacantes dans
un régiment, deux seront données
aux plus anciens lieutenans du régiment , et la troisième au plus ancien capitaine de remplacement de
l'arme , ce dernier prenant rang parmi les capitaines du régiment, lors
de son remplacement en activité ,
suivant ce qui est prescrit par l'article IX du titre premier du remplacement.

XV. Les capitaines de remplacement pourront en outre concourir
avec les lieutenans dans les régimens
où ils sont attachés , pour leur remplacement , aux places de capitaines
en activité qui y viendront à vaquer ,
à la date de leur brevet de lieutenans ,
dans quelque arme qu'ils aient eu
ce grade.

XVI. Le remplacement des capitaines, dits de réforme, aura lieu
suivant ce qui est prescrit pour les
capitaines de remplacement ; mais
il ne pourra s'effectuer que lorsque
les capitaines de remplacement seront entrés en activité.

XVII. Les capitaines réformés par
la nouvelle organisation, les capitaines de remplacement et les capitaines dits de réforme, qui voudront
renoncer à être remplacés en activité,
la conserveront cependant pour obtenir la croix de saint-louis au terme
fixé pour les officiers titulaires, et
ils seront remboursés de leur finance
sans perte du quart ; ceux de ces
capitaines qui voudront profiter de
cette disposition, auront trois mois,
à dater de la publication du présent
décret, pour le faire connoître.

XVIII. Les sous-lieutenans à la
suite, qui voudront continuer leurs
services, seront remplacés dans leur
arme, lorsque les sous-lieutenans
réformés par la nouvelle organisation,
ceux de remplacement et les ci-devant

cadets-gentilshommes seront rentrés en activité , ne prenant cependant rang dans les régimens que de la date de leur remplacement , mais leur ancienneté de service antérieur comptant pour la croix de saint-louis.

XIX. Les officiers de différens grades , attachés aux bataillons de garnison , aux régimens de grenadiers-royaux et aux régimens provinciaux , qui n'ont pas été rappellés dans les articles précédens, n'auront pas droit au remplacement ; mais ceux de ces officiers qui jouissent de traitemens les conserveront , et ceux qui n'en ayant pas , en seront jugés susceptibles pour leurs services passés , en recevront conformément à ce qui est prescris par le décret relatif aux retraites militaires.

XX. Les officiers réformés et à la suite , de tous les grades et de toutes les armes , dont le remplacement n'est pas prévu par les articles précédens , n'auront aucun droit à être employés de quelque manière que ce soit ; conserveront cependant, ceux de ces officiers et les lieutenans des maréchaux de France qui ont quinze ans de service, et moins de dix ans d'inactivité, leur droit pour la croix de saint-louis.

XXI. En conséquence de ce qui est prescrit par les articles ci-dessus, il sera formé par arme deux listes ; l'une comprenant tous les colonles, lieutenans-colonels et capitaines en activité ; l'autre, tous les officiers de tous les grades qui conservent le droit au remplacement. Il sera également formé une liste de tous les officiers généraux en activité, et une de tous les officiers généraux conservant leur droit au remplacement. Ces listes seront rendues publiques par la voie de l'impression, renouvellés chaque année, et adressées à chaque régiment.

XXII. D'après les dispositions ci-dessus énoncées, et les règles qui viennent d'être établies pour l'avancement et le remplacement militaires, tous autres emplois que ceux portés

sur les états de dépenses décrétées
par l'assemblée nationale , seront et
demeureront supprimés. En conséquence les charges de colonels généraux , de mestres-de-camp généraux , de commissaires généraux ,
et tous autres emplois subsistans en
vertu desdites charges dans les différentes armes ; celles de maréchaux-
généraux-des-logis, des camps et armées, et celles de lieutenans des maréchaux de France , sont et demeureront supprimées. Le sont pareillement les propriétés de régimens de
toutes les armes , soit français, al-
lemands , irlandois ou liégeois.

Loi , qui fixe la compétence des tri-
bunaux militaires , du 29 octobre
1791.

ARTICLE PREMIER.

Aucun homme de guerre ne pourra
être condamné à une peine afflictive
ou infamante, que par jugement d'un
tribunal civil ou militaire , suivant

la nature du délit dont il sera rendu coupable.

II. Les délits civils sont ceux commis en contravention aux loix générales du royaume , qui obligent indistinctement tous les habitans de l'empire. Ces délits sont du ressort de la justice ordinaire, quand même ils auroient été commis par un officier ou par un soldat.

III. Cependant, en tems de guerre, l'armée étant hors du royaume , les personnes qui la composent, celles qui sont attachées à son service ou qui la suivent, et qui seront prévenus de semblables délits , pourront être jugées par la justice militaire, et condamnées par elle aux peines prononcées par les loix civiles.

IV. Les délits militaires sont ceux commis en contravention à la loi militaire, pour laquelle ils sont définis : ceux-ci sont du ressort de la justice militaire.

V. Toute contravention à la loi militaire est une faute punisable , mais toute fautes de ce genre n'est pas

un délit; elle ne le devient que lorsqu'elle est accompagnée des circonstances graves énoncées dans la loi.
Les fautes sont punies par des peines de discipline; les délits seuls peuvent l'être par des peines afflictives
ou infâmantes.

VI. Il sera établi des cours martiales chargées de prononcer sur les
crimes et délits militaires, en appli-
quant la loi pénale après qu'un juré
militaire aura prononcé sur le fait.

VII. Il y aura dans le royaume
et à l'armée autant de cours martiales
que de grands arrondissemens militaires, confiés à la surveillance d'un
commissaire - ordonnateur. Chacun
d'eux prendra désormais le titre de
grand juge militaire, commissaire-
ordonnateur des guerres.

VIII. Les commissaires ordinaires
des guerres prendront le titre de
commissaires-auditeurs des guerres.
Chacun d'eux sera chargé spéciale-
ment de la poursuite des délits militaires commis dans l'étendue de son
arrondissement particulier. Indépen-

damment de cette fonction locale , tous seront les assesseurs du grand juge dans l'arrondissement duquel ils seront employés. Deux d'entre eux l'assisteront lorsqu'il tiendra la cour martiale; ce seront ceux dont la résidence sera la plus voisine du lieu où elle siégera.

IX. Dans le cas où le grand juge militaire seroit empêché de remplir ses fonctions , il sera remplacé par le plus ancien commissaire-auditeur de son arrondissement , autre que celui chargé par l'article précédent de la poursuite du délit.

X. Afin de rendre le service plus prompt et plus sûr, notamment dans l'intérieur du royaume , où les troupes sont à de grandes distances les unes des autres, il sera nommé par le roi un nombre suffisant et déterminé de juges militaires suppléans, parmi les officiers retirés du service , ayant au moins dix ans de commission de capitaine , et domiciliés dans l'étendue du département ou du district pour lequel ils seront établis. Ces

suppléans seront inamovibles, et rem-
pliront les fonctions d'assesseurs à la
cour martiale, lorsqu'ils seront plus
près que les commissaires-auditeurs
du lieu où elle devra siéger : ils n'auront point de traitemens, mais leurs
frais de voyage et de séjour leur
seront remboursés.

XI. L'écrivain de la place, dans
les villes où il y en a d'établis, fera
les fonctions de greffier de la cour
martiale ; dans les autres villes et
lieux, ce sera le greffier de la commune ; ni les uns ni les autres n'auront pour cet objet de traitement
fixe, mais ils seront payés de leurs
vacations à proportion des affaires et
du travail. Lorsque l'armée sortira du
royaume, le roi nommera le nombre d'écrivains nécessaires pour y
remplir leurs fonctions de greffiers
des cours martiales.

XII. Tout commandant en chef
dans une garnison ou dans un quartier, sera tenu de former un tableau
de jurés pour sa garnison ou son quartier.

XIII. Ce tableau sera divisé en sept colonnes ; savoir, 1°. celle des officiers généraux et des officiers supérieurs ; 2°. celle des capitaines ; 3°. celle des lieutenans ; 4°. celle des sous-lieutenans et des adjudans ; 5°. celle des sergens ou maréchaux-des-logis ; 6°. celle des caporaux ou brigadiers ; 7°. enfin celle des simples soldats, de quelque arme qu'ils soient. Les officiers et sous-officiers employés sans troupe, tels que ceux du génie et de l'artillerie, seront placés à leur rang dans la colonne de leur grade.

XIV. Les officiers généraux et supérieurs en activité, ayant autorité et commandement sur plusieurs garnisons ou quartiers, seront compris dans la première colonne du tableau de toutes ces garnisons ou quartiers avec les officiers supérieurs employés dans chacune d'elles.

XV. Dans la seconde colonne seront compris tous les capitaines de la garnison ou du quartier, quelque soit leur nombre ; il en sera de même dans la troisième colonne , par rapport aux lieutenans, et dans la quatrième, par rapport aux sous-lieutenans et adjudans.

XVI. Il ne sera pas nécessaire de comprendre dans la cinquième colonne tous les sergens ou maréchaux-des-logis, il suffira d'en prendre jusqu'à concurrence du nombre le plus approchant de cent, soit en plus, soit en moins, en observant soit de les tirer également de toutes les compagnies.

XVII. On observera la même règle à l'égard des caporaux ou brigadiers, et encore par rapport aux simples soldats de toute arme, à cela près qu'autant qu'il sera possible, le nombre de ces derniers devra être porté au moins jusqu'à deux cents.

XVIII. Ce sera le commandant de chaque compagnie qui remettra au commandant en chef la liste des sous-officiers et soldats de chaque compagnie, qu'il jugera les plus dignes d'être placés sur le tableau des jurés.

XIX. Néanmoins aucun militaire, de quelque grade ou état qu'il soit, ne pourra être porté sur le tableau des jurés, s'il n'est âgé de vingt-cinq ans accomplis, s'il ne sait lire et écrire, et s'il n'a pas plus de deux ans de service.

XX. Tous les ans au mois de novembre et dans le cours de l'année, toutes les fois qu'il y aura lieu de changer la moitié du tableau des jurés, il sera renouvellé en entier par les soins du commandant en chef, qui en remettra une copie certifiée et signée de lui au greffier de la cour martiale, pour être conservée dans son dépôt.

XXI. On prendra sur le tableau des jurés, les personnes nécessaires pour former le juré de l'accusation et le juré du jugement, suivant les règles qui vont être prescrites.

XXII. Le juré de l'accusasion est celui qui doit déterminer s'il y a lieu à accusation : il sera composé d'une personne prise sur chacune des colonnes du tableau, et de deux personnes de plus prises sur la colonne du grade ou de l'état de l'accusé, ce qui fera en tout neuf personnes.

XIII.

XXIII. Le juré du jugement est celui qui doit déterminer la condamnation ou la décharge de l'accusé. Il sera formé de quatre personnes prises sur chacune des sept colonnes, et de huit de plus prises sur la colonne du grade ou de l'état de l'accusé, ce qui fera en tout trente-six personnes, qui seront ensuite réduites à neuf; au moyen des récusations que l'accusé sera tenu de faire sans pouvoir alléguer aucun motif, et qui s'opéreront par la voie du sort, si l'accusé refuse de les proposer.

XXIV. Chaque colonne doit être réduite au quart; les récusations s'opéreront successivement sur chacune d'elles, en commençant par la première.

XXV. Lorsqu'il y aura plusieurs accusés, il sera ajouté au premier nombre de trente-six jurés, autant de huit personnes qu'il y aura de co-accusés, et ces huit personnes seront toujours prises sur la colonne du grade ou de l'état du co-accusé.

XXVI. En pareil cas, chaque accusé, à commencer par le plus jeune, récusera d'abord huit personnes sur toute la colonne de son grade ou de son état ; ce qui réduira le nombre des jurés à trente-six ; alors les récusations se proposeront sur chaque colonne et d'une colonne à l'autre, par chacun des co-accusés alternativement, à commencer par le plus jeune, et ainsi de suite jusqu'à ce que chaque colonne soit réduite au quart.

XXVII. Lorsqu'il s'agira de former, soit le juré de l'accusation, soit le juré du jugement, le commandant militaire en chef du lieu où sefera l'instruction du procès et où se tiendra la cour mariale, désignera le nombre des jurés nécessaires dans chaque colonne en suivant l'ordre de l'inscription sur chacune, et sans pouvoir l'intervertir. En cas d'absence, de maladie ou d'autre légitime empêchement de quelqu'une des personnes désignées pour former le juré, son tour sera passé, mais censé rempli.

XXVIII. Il sera suppléé au défaut d'une colonne, d'abord par la colonne immédiatement in férieure, et ensuite par la colonne immédiatement supérieure , sans qu'on puisse descendre plus bas ni monter plus haut. Si ce moyen est insuffisant on aura recours à la garnison ou au quartier voisin pour avoir un suppléant ou des suppléans du grade ou de l'état de ceux qui seront appellés à remplacer.

XXIX. Chaque commissaire-auditeur des guerres recevra les dénonciations qui lui seront faites par les chefs ou par toutes autres personnes, de tout délit prétendu commis par des militaires en activité. Il aura soin d'exiger du dénonciateur la déclaration circonstanciée des faits, la remise des pièces servant à conviction, et l'indication des témoins qui peuvent servir à la preuve; la dénonciation sera signée par le dénonciateur, s'il sait signer, et s'il ne sait pas signer, par deux témoins, en présence desquels elle devra être faite en pareil cas.

XXX. Le commissaire-auditeur des guerres sera tenu de rendre plainte dans les vingt-quatre heures, de tous délits militaires prétendus commis dans l'étendue de son arrondissement, et qui seront parvenus à sa connoissance par voie de dénonciation, par clameur publique ou autrement ; comme aussi de constater immédiatement, par procès - verbal , le corps et les circonstances du délit, s'il a laissé des traces permanentes.

XXXI. Le commissaire-auditeur qui aura connoissance d'un délit militaire commis hors de son arrondissement , sera tenu d'avertir sans aucun délai celui de ses confrères dans l'arrondissement duquel ce délit passera pour avoir été commis , et de lui envoyer tous les renseignemens qu'il aura pu se procurer , notamment copie de la dénonciation, s'il en a reçu une.

XXXII. Sera pareillement tenu le commissaire auditeur qui aura connoissance d'un délit civil commis par des militaires dans son arrondissement, d'en avertir immédiatement tel magistrat civil qu'il appartiendra, du lieu dans lequel ce délit passera pour avoir été commis, et de lui envoyer tous les renseignemens qu'il aura pu se procurer, notamment copie de la dénonciation s'il en a reçu une.

XXXIII. Le commissaire-auditeur qui sera dans le cas de porter une plainte, la rédigera par écrit, faisant mention du dénonciateur, s'il y en a un, il la présentera au commandant militaire en chef de la garnison ou du quartier dans lequel le délit aura été commis, et requerera de lui la convocation du juré de l'accusation, que le commandant sera tenu de convoquer sans délai.

XXXIV. Le juré de l'accusation s'assemblera dans la maison du commandant, mais hors de sa présence : il se rangera autour d'une table disposée à cet effet, à l'une des extrêmités de laquelle se placera le commissaire-auditeur ayant en face le greffier.

XXXV. Le commissaire-auditeur annoncera que l'objet de cette l'assemblée est de déterminer si, ou non, il y a lieu à accusation contre un tel, à qui on impute tel crime ou délit militaire, qu'il énoncera dans les termes les plus précis et les plus clairs, ensuite il requerra des jurés le serment de donner leur avis en honneur et conscience ; ce que tous les jurés seront tenus de faire à l'instant, en levant la main et prononçant : *je le jure.*

XXXVI. Cela fait , le commissaire-auditeur fera entrer les témoins qu'il voudra produire à l'appui de sa plainte. Il fera connoître leurs noms , leur âge , leur état et qualité, ainsi que leur domicile, et requerra d'eux le serment de dire la vérité, toute la vérité, rien que la vérité ; ce qu'ils seront tenus de faire à l'instant en levant la main, et prononçant : *je le jure.*

XXXVII. La plainte sera lue par le commissaire-auditeur, ainsi que les écrits à l'appui, s'il y en a; s'il existe des pièces prétendues de conviction, elles seront mises en évidence. Les témoins seront ensuite entendus sans que personne puisse les interrompre tant qu'ils parleront; mais après qu'ils auront tous parlé, l'auditeur et chacun des jurés pourront leur faire les questions qu'ils croiront propres à l'éclaircissement des faits, et auxquelles les témoins seront obligés de répondre.

XXXVIII. Ils se retireront ensuite, et lorsqu'ils seront sortis, le commissaire-auditeur fera le résumé des dépositions, présentera ses observations ·sur le tout, et sortira lui-même avec le greffier, pour laisser les jurés former entre eux leur détermination.

XXXIX. Le juré de l'accusation, sera averti par le commissaire-auditeur, qui à cet effet leur donnera lecture du présent article, qu'il a deux questions distinctes à résoudre.

La première, si le fait dont est plainte, en le supposant prouvé, constitue réellement un crime ou délit militaire.

La sconde, si les indices sont assez considérables pour faire soupçonner que le prévenu soit coupable, et qu'il y ait lieu à suivre la plainte.

XL. Supposé que la première de ces questions soit décidée négativement, on ne passera pas à la seconde;

les jurés rapporteront que la plainte ne porte pas sur un délit militaire, et le commissaire-auditeur ne pourra pas lui donner de suite ; seulement il sera obligé de l'envoyer à tel magistrat civil qu'il appartiendra, avec tous les renseignemens qu'il aura pu se procurer.

XLI. Les jurés entre eux, seront sous la présidence de la première colonne ; ils opineront à voix haute en commençant par le dernier de la dernière colonne, et ainsi de suite en remontant ; ils seront les maîtres de motiver leurs avis dans le premier tour d'opinion qui aura lieu sur chaque question, ensuite il sera fait un second tour d'opinion, lors duquel les voix seront énoncées simplement par oui ou par non : la majorité absolue entre les neuf jurés fixera leur détermination.

XLII. Aussi-tôt qu'elle aura été prise, les jurés inviteront le commissaire-auditeur à rentrer avec le greffier, et leur feront part du résultat. Le greffier en fera mention sur le procès-verbal qu'il aura tenu de tou-tes les opérations précéden'es. Le procès-verbal sera écrit au bas de la plainte , et signé tant par les jurés que par l'auditeur et le greffier, qui restera dépositaire de toutes les pièces.

XLIII. Dès que la délibération des jurés aura été ouverte, ils ne pourront se séparer sans l'avoir arrêtée et rap-portée ; mais s'il est nécessaire de tenir plusieurs séances pour la lecture des pièces, l'audition et l'examen des témoins, l'assemblée pourra se réa-journer à la plus prochaine matinée. Le procès-verbal des opérations de cha-que séance sera clos et signé à cha-que séance.

XLIV. S'il y a lieu de donner suite à la plainte, le commissaire-auditeur fera arrêter et constituer prisonnier l'accusé, s'il ne l'est pas déja , en vertu des ordres de ses chefs , et des règles de la discipline militaire : s'il l'est , il le fera écrouer sur le registre de la prison, en même tems il lui fera donner copie certifiée, par le greffier, de la plainte et du procès-verbal, ou

des procès - verbaux qui auront été
dressés en exécution des articles XLII
et XLIII. L'accusé sera pareillement
averti qu'il est libre de prendre ou
ce demander un conseil.

XLV. La prison est une punition
militaire pour les fautes de discipline ;
mais par rapport à l'homme prévenu
ou accusé d'un délit, elle n'est plus
qu'un lieu de sûreté ; ainsi les chefs
qui feront emprisonner quelqu'un
comme prévenu d'un délit, ne pourront, sous aucun prétexte, aggraver
sa détention en y ajoutant aucune espèce de peine ou de privation qui
ne seroit pas indispensable pour la
conservation de sa personne.

XLVI. En envoyant au grand juge
militaire, copie de la plainte avec l'ex-
trait du procès - verbal qui constate
qu'elle doit être suivie en vertu de
la détermination du juré, le commissaire-auditeur requerra du grand juge
l'ordonnance nécessaire pour ache-
ver et compléter l'instruction.

XLVII. Le jour, le lieu et l'heure
auxquels le grand juge et ses asses-

seurs ou leurs suppléans , devront tenir la cour martiale, seront fixés par cette ordonnance : elle portera réqui-sition au commandant militaire d'y faire trouver les jurés du jugement, et à l'auditeur d'y produire ses té-moins, et d'y faire amener l'accusé ou les accusés. La cour martiale se tiendra toujours le matin , et dans le lieu où la première instruction aura été faite , s'il n'y a pas d'empêchement.

XLVIII. L'ordonnance du grand juge sera communiquée au comman-dant militaire par le commissaire-auditeur, et notifiée à sa diligence, tant à l'accusé qu'aux témoins.

XLIX. Les témoins qui ne com-paroîtront pas au jour indiqué , et qui ne feront pas proposer d'excuse légitime, seront cités une seconde fois à leurs frais, et s'il ne comparois-sent pas cette seconde fois, ils seront , en vertu de l'ordonnance du grand juge militaire , appréhendés au corps, amenés et condamnés aux frais de leurs arrestation et conduite , ainsi qu'à une amende qui ne pourra pas

être moindre de la valeur d'une demi-
once, ni plus forte que la valeur d'un
marc d'argent.

L. Au jour et à l'heure indiqués
par l'ordonnance du grand juge militaire, lui et ses deux assesseurs,
le commissaire-auditeur, le greffier,
et toutes les personnes désignées pour
le juré du jugement, se rendront
dans une des salles de la maison commune du lieu où se tiendra la cour
martiale, les portes ouvertes, en
présence de tous ceux qui voudront
y assister.

LI. Le grand juge prendra sa place
à l'extrémité de la table disposée à
cet effet, ses assesseurs seront à ses
côtés ; près d'eux, sur la gauche, le
commissaire - auditeur, ayant à côté
de lui le greffier : les personnes désignées pour le juré se rangeront à
droite.

LII. Le grand juge annoncera
l'objet de la tenue de cette cour
martiale, pour juger l'accusation portée contre tel ou tels, à qui on impute tel délit. Il ordonnera de suite

que l'auditeur produise ses témoins : ils seront appelés, et ils se range ront sur la gauche à la suite du greffier ; après quoi le juge ordonnera d'amener l'accusé ou les accusés, qui se placeront avec leurs conseils, à l'extrémité de la table, faisant face au grand juge et à ses assesseurs. Tous pourront s'asseoir lorsqu'ils ne parleront pas.

LIII. Le grand juge nommera les personnes désignées pour le juré du jugement, et avertira les accusés du droit qu'ils ont d'en récuser un certain nombre, sans être obligés, sans pouvoir même motiver leurs récusations, de l'ordre à tenir en les proposant, et qu'il y sera suppléé par la voie du sort, dans le cas où les accusés refuseroient de les faire eux-mêmes ; les accusés pourront s'expliquer à cet égard par leur propre bouche ou par l'organe de leurs conseils, mais ils devront du moins exprimer qu'ils adoptent ce qui sera proposé en leur nom par leurs conseils.

LIV. Le greffier fera mention sur son procès - verbal des récusations. Le juré étant réduit au nombre compétent, le grand juge requerra de ceux qui le composent, de prêter serment, de donner leur avis en leur ame et conscience, ce qu'ils seront tenus de faire en levant la main et en prononçant : *Je le jure.*

LV. Le commissaire-auditeur donna lecture de la plainte et de toute la procédure antérieure, ainsi que des écrits venant à l'appui de la plainte, s'il en existe. Les pièces prétendues de conviction seront mises en évidence ; enfin les témoins seront nommés et désignés l'un après l'autre par leur nom, âge, état, qualité et domicile.

LVI. Le grand juge ordonnera aux témoins de prêter serment de dire la vérité, toute la vérité, rien que la vérité ; ce qu'ils seront tenus faire en levant la main, et prononçant : *je le jure.*

LVII. Il sera libre aux accusés ou à leur conseil, non-seulement de proposer les motifs de suspicion qu'ils peuvent avoir contre le témoin, mais encore de faire telles observations qu'ils jugeront à propos sur son témoignage, même de lui proposer, pour l'éclaircissement des faits, telles questions qu'ils voudront, et auxquels le témoin sera tenu de répondre : l'auditeur, les jurés et les juges pourront ensuite successivement demander au témoin les explications dont ils croiront la déposition susceptible.

LVII. Les témoins ayant tous été entendus et examinés l'un après l'autre, dans une ou plusieurs séances, suivant l'exigence des cas, l'auditeur établira le mérite de sa plainte par les divers témoignages qu'il recensera; il concluera à ce que l'accusé soit déclaré coupable, et condamné à la peine que la loi prononce pour son délit.

LIX. L'accusé ou les accusés pourront, soit par eux-mêmes, soit par l'organe de leurs conseils, proposer leurs moyens de justification, défense ou d'atténuation : il sera libre au commissaire auditeur de reprendre la parole après les accusés , et ceux-ci seront les maîtres de lui répondre à leur tour ; mais les plaidoieries ne s'étendront pas plus loin , et il ne sera jamais accordé de duplique.

L X. Lorsque l'accusé ou les accusés produiront des témoins , soit à l'appui des moyens de suspicion qu'ils auront proposés contre les témoins du plaignant , soit pour établir des faits tendant à leur justification ou à leur décharge , on ne pourra pas leur refuser d'entendre à l'instant ces témoins ; et quand même l'accusé ou les accusés ne produiroient aucuns témoins pour établir des faits justificatifs qui paroîtroient concluans , et dont ils offriroient la preuve , cette preuve sera toujours admissible à la pluralité des voix du grand juge et à ses deux assesseurs , qui fixerons le délai dans lequel elle devra être faite.

LXI. Les mêmes formalités seront observées , tant pour l'audition et l'examen des témoins produits par les

accusés, que pour l'audition et l'examen des témoins produits par le plaignant.

LXII. Le greffier de la cour martiale rédigera le procès-verbal de chaque séance, de manière qu'il puisse
servir à constater l'accomplissement
ou l'inobservation de chacune des
formalités qui doivent avoir lieu dans
le cours de l'instruction pour assurer la
régularité du jugement.

LXIII. Toutes les formalités ci-
dessus prescrites étant remplies, toutes
les questions incidentes à l'instruction
du procès étant décidées, le grand
juge prendra la parole, et avertira
les jurés qu'ils ont à prononcer sur
deux questions qu'ils doivent traiter
séparément. La première, de savoir
s'ils sont convaincus que le délit militaire énoncé dans la plainte, a été
commis. La seconde, s'ils sont convaincus que ce soit par l'accusé que
ce même délit ait été commis. En
conséquence, le grand juge sera tenu
de donner lecture du présent article
aux jurés.

LXIV. Il présentera sur l'une et sur l'autre de ces deux questions les témoignages à charge et à décharge, et le degré de croyance plus ou moins grand dont ils lui paroîtront suscepti-bles. Il résumera les moyens pour et contre, faisant valoir ceux en faveur de l'accusé, quand même ils n'auroient été employés ni par lui ni par son conseil; il s'attachera, sur-tout dans les cas où le délit paroîtroit constant, aux termes de la loi; mais où les circonstances dont il seroit environné, pourroient faire penser que l'accusé est excusable ou non criminel, à fixer sur ces circonstances toute l'attention des jurés, il les exhortera à donner leurs avis dans leur ame et conscience; enfin, il les invitera à passer dans une pièce voisine, où ils seront tenus de se retirer et de rester, sans aucune communication au dehors, jusqu'à ce qu'ils ayent formé leur résultat. En même tems, le commissaire-auditeur se retirera de son côté, et le grand juge ordonnera que l'accusé ou les accusés soient reconduits en prison.

LXV. Les jurés sous la présidence du premier de la première colonne, opineront à haute voix et séparément sur chacune des deux questions soumises à leur détermination, le dernier de la dernière colonne parlant le premier, et ainsi de suite en remontant. Ils seront les maîtres de motiver leur avis dans le premier tour d'opinions qui se fera sur chaque question ; il sera fait ensuite un second tour, hors duquel les avis seront énoncés simplement par oui ou par non.

LXVI. L'avis contraire à l'accusé ne peut être formé dans le juré du jugement, que par la réunion des sept neuvièmes des voix des jurés.

LXVII. S'il passe à la négative sur la première question qu'ils ont à décider, la seconde sera résolue, et les jurés rapporteront également que l'accusé n'est pas coupable.

LXVIII. Il est possible que l'accusé soit convaincu d'un fait que la lettre de la loi place au rang des délits militaires, mais que les circonstances environnantes servent d'excuse au coupable, et prouvent même que son intention n'a pas été criminelle ; il sera donc permis aux jurés, qui sont les juges du fait, de modifier leur rapport suivant les circonstances , en prononçant ainsi : *coupable, mais excusable* ; ou bien ainsi : *convaincu du fait, mais non criminel.* Ces modifications pourront être ajoutées au rapport, à la pluralité des deux tiers des voix des jurés.

LXIX. Les jurés du jugement ayant formé leur résultat en préviendront le grand juge , et rentreront immédiatement après dans la salle d'audience, où, étant à leurs premières places , debout et découverts , tous les jurés lèveront la main , et le premier de la colonne dira : *Nous jurons sur notre conscience et notre honneur, qu'après avoir observé scrupuleusement dans notre délibération les régles qui nous étoient prescrites par la loi, nous avons trouvé qu'un tel , accusé de tel fait, n'en étoit pas coupable ; ou bien , qu'un tel , accusé de tel fait, en étoit coupable , mais excu-*

ble ; ou bien enfin *qu'un tel, accu-*
. de tel fait, en étoit convaincu,
mais non criminel.

LXX. Le greffier dressera sur le
champ procès-verbal du rapport des
jurés, qu'ils seront tenus de signer,
après quoi ils se retireront.

LXXI. La délibération entre le
grand juge et ses assesseurs, com-
mencera immédiatement après la retraite des jurés. Si ceux-ci ont rapporté que l'accusé n'étoit pas coupable, le jugement portera que l'accusé
est déchargé de l'accusation, sans
ajouter rien de plus. Si les jurés ont
rapporté coupable, il sera dit que la
loi condamne l'accusé à telle peine,
et l'article de la loi sera cité, avec les
motifs de son application. Il en sera
toujours de même lorsque les jurés
auront rapporté coupable, mais excusable, et il sera déterminé dans
la suite ce que les juges auront à faire
en pareil cas. Enfin, si les jurés ont
rapporté convaincu du fait, mais non
criminel, l'accusé sera déchargé de
l'accusation.

LXXII. Il faut l'unanimité des voix des trois juges pour condamner à la mort; la loi ne la prononce que dans cette présupposition , et en général son intention est qu'on se réduise à la moindre peine, lorsque les circonstances font naître des doutes sur l'application de la peine la plus rigoureuse.

LXXIII. Pour condamner à toute autre peine que la mort, il suffit de la pluralité des voix ; mais si les juges diffèrent absolument d'opinions sur le genre de peines à prononcer, il en sera fait mention dans le jugement, et l'avis le plus doux prévaudra.

LXXIV. Les jugemens de la cour martiale se ront prononcés par le grand juge , en présence de tout l'auditoire , avant la levée de l'audience. Ils seront signés, tant par le grand juge, que par ses deux assesseurs et par le greffier.

LXXV. Le greffier se transportera immédiatement après à la prison , où il donnera lecture de la sentence aux accusés, qu'ils entendront debout et découverts. Le procès-verbal de lecture sera écrit au bas de la sentence, et signée seulement du greffier.

LXXVI. Dans tous les cas où l'effet d'un jugement de la cour martiale n'est pas suspendu par la disposition précise de quelque loi, son exécution ne pourra être empêchée ni retardée sous aucun prétexte, et aura lieu le jour même, s'il y a peine de mort.

LXXVII. Le greffier ou tout autre officier public qui pourra être désigné à la suite, assistera et veillera aux exécutions, dont il dressera procès-verbal au bas de la sentence. Il sera très-attentif à ce que la peine ne soit aggravée par aucun accessoire, et que la volonté arbitraire de qui que ce soit ne puisse rien ajouter à la sévérité du jugement.

LXXVIII. Lorsqu'un accusé n'aura pu être arrêté et constitué prisonnier en conséquence du rapport du juré de l'accusation, le commissaire-auditeur requerra du commandant militaire , qu'il nomme un curateur à l'accusé absent , parmi les militaires de son grade ou de son état , ce que le commandant sera tenu de faire. Le curateur ainsi nommé sera tenu de prendre un conseil.

LXXIX. La procédure s'instruira avec le curateur comme elle se fût instruite avec l'accusé en personne ; les dires et déclarations des témoins seront insérés tout au long dans le procès-verbal : les juges et les jurés redoubleront d'attention lorsqu'ils auront à prononcer sur le sort d'un homme qui ne se défend pas lui-même.

LXXX. Si l'accusé absent est arrêté , ou s'il se constitue volontaire-menr prisonnier dans le cours de l'instruction , elle sera recommencée avec lui , et tout ce qui aura été fait avec son curateur sera réputé non avenu.

LXXXI. Si l'accusé fugitif est condamné à des peines afflictives ou infamantes , la sentence sera exécutée en effigie ; néanmoins l'accusé sera toujours admis à faire valoir ses

moyens

de défense à sa justification, au cas qu'il soit arrêté ou qui se représente volontairement, dans quelque tems que ce soit.

LXXXII. Les fauteurs et complices d'un délit militaire, encore qu'ils ne soient pas gens de guerre, pourront être poursuivis pardevant la cour martiale, conjointement avec l'homme de guerre accusé d'être le principal auteur du délit ; mais dans tout autre cas ils ne pourront être traduits et jugés que dans les tribunaux ordinaires.

LXXXIII. Lorsque la plainte contre un particulier non militaire , sera liée à celle portée contre un militaire, l'instruction aura lieu suivant les règles ci-dessus prescrites, sauf les exceptions qui vont être déterminées.

LXXXIV. Le juré de l'accusation sera composé de dix-huit personnes , dont neuf seront prises parmi les notables habitans du lieu à la désignation du magistrat civil.

LXXXV. Les dix-huit jurés voteront concurremment sur le mérite de la plainte portée tant contre le militaire accusé, que contre son co-accusé non militaire ; et pour qu'il y ait lieu à accusation, il faudra la réunion de douze voix contre six.

LXXXVI Le juré du jugement sera pareillement composé de dix-huit personnes ; en conséquence, au tableau des jurés militaires, il sera joint une huitième colonne composée de trente-six jurés civils, ou à leur défaut d'autant de notables habitans du lieu non militaires, à la désignation du magistrat civil. Cette dernière colonne sera réduite comme les autres à neuf personnes par les récusations ou par la voie du sort.

LXXXVII. Les récusations dans chacune des huit colonnes se feront alternativement par le militaire accusé et par le co-accusé non militaire, suivant ce qui est prescrit par la seconde partie de l'article XXVI du présent décret ; s'il y a plusieurs co-accusés non militaires, on observera à leur égard les règles prescrites par les articles XXV et XXVI du présent décret, par rapport aux co-accusés militaires, en telle sorte que le droit de récusation appartenant à chaque co-accusé, soit pleinement respecté, et que néanmoins le juré du jugement soit réduit à dix huit personnes, dont neuf de chaque état.

LXXXVIII. Les dix-huit jurés du jugement voteront concurremment pour décharger ou pour condamner, tant les militaires accusés que les co-accusés non militaires, et la réunion des sept neuvièmes des suffrages faisant quatorze sur dix-huit, sera nécessaire pour prononcer contre chacun des accusés.

LXXXIX. Les délits militaires qui n'auront pas été dénoncés et poursuivis dans l'espace de dix ans, à compter du jour qu'ils auront été commis ou dont la poursuite, après avoir été commencée, aura été suspendue pendant le même espace de tems, seront prescrits, et ne pourront plus être l'objet ni d'aucunes plainte ni d'aucun jugement.

XC. En attendant le décret par le

quel l'assemblée nationale se propose de définir les délits militaires, et de déterminer la nature des peines dont ils pourront être punis, les ordonnances actuellement existantes sur cette matière, seront provisoirement suivies et observées en tout ce qui n'est pas contraire aux dispositions du présent décret.

Loi relative aux adjudans généraux de l'armée et aux aides-de-camp, du 24 novembre 1790.

Avancement des adjudans généraux de l'armée.

ARTICLE PREMIER.

Les adjudans généraux, institués par le décret du 5 octobre 1790, au nombre de trente, dont treize du grade de lieutenant-colonel, dix-sept du grade de colonel, seront pris au choix du roi dans toutes les armes, et auront droit à l'avancement suivant les règles établies ci-après.

II. Les places d'adjudans généraux du grade de lieutenant-colonel,
seront données par le choix du roi sur
toutes les armes, à des capitaines ou
à des lieutenans-colonels en activité
dans ce grade depuis deux ans au
moins.

III. Les places d'adjudans généraux du grade de colonel, seront données par choix du roi sur toutes les
armes, à des lieutenans-colonels ou à
des colonels en activité dans ces grades depuis deux ans au moins.

IV. Lorsqu'un officier, par sa nomination à une place d'adjudant général, obtiendra un nouveau grade,
cette nomination comptera pour le
choix du roi dans le tiers des places
qui lui a été attribué par le décret du
21 septembre.

V. Les adjudans généraux ne pourront obtenir un nouveau grade qu'en
parvenant dans l'arme où ils auront
précédemment servi, soit à leur tour
d'ancienneté, soit au choix du roi,
à un emploi titulaire.

En conséquence, les adjudans généraux conserveront ou prendront rang pour l'avancement dans leur arme, avec les officiers du grade dont ils sont pourvus comme adjudans généraux.

VI. Les adjudans généraux ne pourront avoir avec les aides-de-camp, qu'un tiers des places réservées au choix du roi.

Le premier choix des adjudans généraux sera fait par le roi, parmi les officiers des trois états - majors de l'armée, de la cavalerie et de l'infanterie.

Les officiers de ces états-majors qui ne seront pas compris dans le nombre de ceux conservés, prendront rang dans leur arme dans le grade dont ils sont pourvus.

Nomination et avancement des aides-de-camp.

ARTICLE PREMIER.

Les aides-de-camp seront choisis par les officiers généraux dans toutes les armes, suivant ce qui sera réglé ci-après, et le choix en sera confirmé par le roi.

II. Le nombre des aides-de-camp attachés aux officiers généraux, sera ainsi qu'il suit :

Chaque général d'armée aura quatre aides-de-camp, un du grade de colonel, un du grade de lieutenant-colonel et deux du grade de capitaine.

Chaque lieutenant - général aura deux aides-de-camp du grade de capitaine.

Chaque maréchal- de - camp , aura un aide-de-camp du grade de capitaine.

III. Les aides - de - camp, suivant les grades affectés aux différens officiers généraux , seront pris parmi les colonels , lieutenans-colonels , et capitaines en activité. Seront réputés en activité les officiers réformés par la nouvelle organisation , et les capitaines de remplacement.

IV. Lorsqu'un officier , par sa nomination à une place d'aide-de-camp, obtiendra un nouveau grade , cette nomination comptera pour le choix du roi dans le tiers des places qui lui a été attribué par le décret du 21 septembre.

V. Les aides-de-camp, de quelque grade qu'ils soient, ne pourront obtenir de nouveau grade qu'en parvenant dans l'arme où ils auront précédemment servi à un emploi titulaire de ce grade, soit à leur tour d'ancienneté, soit au choix du roi.

En conséquence, les officiers nommés aux places d'aides-de-camp de quelque grade qu'ils soient, sans pouvoir conserver leur emploi (dans ces régimens), suivront pour l'avancement dans leur arme, leur rang parmi les officiers du même grade.

VI. Les aides-de-camp ne pourront avoir avec les adjudans généraux qu'un tiers des places réservées au choix du roi.

VII. Les aides-de-camp ne pouvant reprendre leur activité dans les régimens que par leur avancement à un grade supérieur à celui dans lequel ils auroient été choisis, pour être aides-de-camp, l'officier général qui remplacera un autre officier général, ne pourra faire un nouveau choix d'aides-de-camp, il conservera celui ou ceux attachés à son pré-décesseur.

Loi concernant la discipline militaire, des 14 et 15 septembre 1790.

Discipline militaire.

ARTICLE PREMIER.

Les punitions à infliger pour les fautes commises contre la discipline, par les officiers de tous grades, sous-officiers et soldats de toutes les armes, pourront être prononcées contre les délinquans d'un grade inférieur, par tous ceux qui seront revêtus d'un grade supérieur au leur, selon ce qui sera prescrit ci-après, à la charge par eux d'en rendre compte dans les vingt-quatre heures, en observant la hiérarchie des grades militaires, conformément aux dispositions de détails que sa majesté prescrira par ses règlemens militaires.

G 5

II. Le commandant du corps sur le compte qui lui en sera rendu tous les jours, pourra restreindre, infirmer, augmenter les punitions qui auront été prononcées par ceux sous ses ordres ; mais il ne pourra pas en cela s'écarter des règles qui seront prescrites ci-après pour la nature ou la durée des punitions.

II. Tout subordonné, de quelque grade qu'il soit, et quelque fondé qu'il puisse se croire à se plaindre, sera tenu de se soumettre aussi-tôt à l'ordre qu'il recevra, ainsi qu'à la punition de discipline prononcé contre lui, par celui ayant droit de la lui ordonner ; mais il lui sera permis après avoir obéi de réclamer auprès du conseil de discipline, dont il sera parlé ci-après, et dans les formes qui seront prescrites, la justice qu'il croira lui être due.

IV. Les punitions à prononcer pour fait de discipline, seront déterminées, tant pour leur nature, que pour le *maximum* de leur durée, ainsi qu'il suit :

Pour les soldats de toutes les armes.

Les corvées de la chambre, celles du quartier, celles de la place, la consigne aux portes de la ville, lorsqu'elles seront libres, la consigne au quartier pour deux mois, la chambre de police pendant un mois, la boisson d'eau pour les ivrognes, jusqu'à la concurrence d'une chopine par jour, et pendant trois jours seulement, à l'heure de la garde montante, soit que l'homme soit détenu ou non, pour plus long-tems à la prison, cachot ou chambre de police.

La prison pendant quinze jours : elle pourra être aggravée par la réduction au pain et à l'eau, pendant trois jours de chaque semaine seulement le cachot pendant quatre jours au pain et à l'eau ; le piquet pendant trois jours, et une heure chaque jour, mais sans charge de fusils, mousqueton, cuirasse ou manteau : cette punition pourra être en outre de celle de la prison ou du cachot, où l'homme puni ainsi sera toujours détenu au moins pendant le tems qu'il devra la subir.

Pour les caporaux ou brigadiers, ainsi que pour les autres sous-officiers.

La consigne aux portes de la ville, la consigne au quartier pour deux mois, les arrêts simples dans leur chambre pour un mois, la chambre de police pour le même tems, la prison pendant 15 jours, avec possibilité de réduction, au pain et à l'eau pendant trois jours de chaque semaines seulement.

Le cachot au pain et à l'eau pendant quatre jours.

Pour les officiers de tous grades.

Les arrêts simples dans leur chambre, pendant deux mois, recevant ou ne recevant personne, suivant les cas, et suivant l'odre donné à cet effet. Les arrêts forcés dans la chambre , c'est-à-dire , avec sentinelle, ou autre moyen correctif pendant un mois ; la prison militaire pendant quinze jours.

V. Toutes les punitions dénommées ci-dessus, seront les seules qui pourront être infligées pour fait de discipline, et ne pourront être prolongées au delà du terme fixé pour chacune, que par une décision précise du conseil de discipline, dont il sera parlé ci-après.

Seront réputées fautes contre la discipline, et mériteront d'être punies en conséquence, suivant les cas, toutes voies de fait, coups ou mauvais propos d'un supérieur , de quelque grade qu'il puisse être, vis-à-vis de son subordonné, ainsi que toute punition injuste qu'il auroit pu prononcer contre lui.

Tout murmure , mauvais propos ou défaut d'obéissance , pourvu qu'il ne soit pas accompagné d'un refus formellement énoncé d'obéir de la part d'un subordonné quelconque vis-à-vis de son supérieur , quelque raison qu'il puisse se croire de s'en plaindre.

Les violations des punitions ordonnées. L'ivresse pour peu qu'elle trouble l'ordre public ou militaire , et pourvu qu'elle ne soit pas accompagnée de désordres.

Tout dérangement de conduite, ou toutes dettes , pourvu qu'elles ne soient pas accompagnées de circonstances crapuleuses ou déshonorantes.

Les querelles , soit entre militaires , soit avec les citoyens ou habitans des villes et campagnes lorsque ces dernières ne sont pas de nature à être portées devant les juges civils, et pourvu qu'il n'en résulte aucune plaie , et qu'on n'y ait pas fait usage d'armes ou de bâtons.

Les manques aux différens appels , exercices , revues , ou impositions.

Les contraventions aux règles de police ou ordres donnés , enfin toutes les fautes contre la discipline , le service ou la tenue , provenantes de négligence , de paresse ou de mauvaise volonté.

VII. Les fautes ci-dessus énoncées seront regardées comme plus graves, lorsqu'elles auront lieu pendant le tems du service ou sous les armes.

VIII. Le commandant de quelque grade qu'il soit, qui sera reconnu avoir puni injustement un de ses subordonnés, le sera lui-même, en raison de la punition qu'il auroit ordonnée, ou du degré de son injustice.

IX. Tout subordonné qui auroit accusé son supérieur de l'avoir puni injustement, si la plainte n'est pas fondée, sera condamné, s'il y a lieu, à une punition qui sera fixée par le conseil de discipline, suivant l'exigence du cas.

X. Les punitions de la consigne au quartier des chambres de police des soldats, des arrêts simples dans la chambre, ne dispenseront pas les officiers, sous-officiers et autres qui y seront condamnés, de faire le service de la place et d'assister à tous les exercices du régiment, à charge par eux de reprendre leurs punitions, ou d'y être reconduit après la fin de leur service ou des exercices. La prison et le cachot, ainsi que les arrêts forcés pour les officiers, et les chambres de police pour les sous-officiers, les suspendront seuls des fonctions et du service de leurs grades, et les mettront seuls dans le cas de remettre leurs armes à ceux qui leur auront porté l'ordre de s'y rendre.

XI. Les chambres de police où seront détenus les sous-officiers, seront toujours séparées de celles destinées aux soldats.

XII. Les salles de discipline destinées aux sous-officiers, ainsi que celles des soldats, seront toujours garnies de fournitures comme dans les chambres des casernes, et ceux qui y seront détenus, vivront comme dans les chambrées, par les soins de leurs compagnies.

XIII. Les hommes détenus dans les prisons ou cachots, recevront de même l'ordinaire de leurs compagnies, et lorsqu'ils devront être au pain et à l'eau, il leur sera fourni ces jours-là une double ration de pain, le surplus de la portion de leur prêt destiné à l'ordinaire seulement après l'acquittement de la double ration de pain appartiendra à leur compagnie en bonification d'ordinaire, comme indemnité de toute espèce de service fait pour eux.

XIV. Le conseil de discipline, chargé, conformément à l'article V ci-dessus, de prononcer sur la promulgation des punitions au-delà du terme déterminé pour chacune d'elles, ou de recevoir les plaintes que des subordonnés pourroient avoir à porter contre leurs chefs, sera composé des trois officiers supérieurs, des trois premiers capitaines et du premier lieutenant du régiment. Ceux qui manqueroient, seront remplacés par pareil nombre du grade inférieur, ou de ceux qui les suivroient dans leurs colonnes. Ce conseil s'assemblera par ordre du commandant du corps, toutes les fois qu'il sera nécessaire, et celui-ci ne pourra en refuser la convocation dans les vingt-quatre heures, lorsqu'il en sera requis, en raison d'une plainte qui pourroit lui être adressée.

XV. Lorque la plainte d'un subordonné portera contre un des officiers supérieurs du régiment, la plainte sera remise au commandant de la place s'il y en a, ou sinon adressée au commandant de la division; lequel sera tenu de convoquer aussitôt un conseil de discipline, composé des sept plus anciens officiers du grade le plus élevé de la division, et étrangers au corps, autant qu'il sera possible.

XVI. Tout subordonné qui voudra porter plainte au conseil de discipline contre un de ses chefs, sera tenu de la donner par écrit, motivée dans ses différentes circonstances, de la signer, s'il sait écrire, et de la remettre ainsi au commandant du régiment.

XVII. Celui qui portera plainte, ainsi que celui contre lequel elle sera dirigée, seront entendus au conseil de discipline , et pourront l'un et l'autre, à leur volonté , choisir un défenseur dans l'intérieur même du régiment pour exposer leurs raisons.

XVIII. Si le droit de l'ancienneté appeloit au conseil de discipline un des officiers contre lequel la plainte auroit lieu , il sera tenu de s'en retirer, et il sera remplacé par celui qui le suivra dans la colonne.

XIX. Pour donner aux décisions de ce conseil de discipline toute la publicité nécessaire , il sera toujours tenu publiquement et portes ouvertes; ceux qui y assisteront seront sans armes, debout, découverts et en silence.

CODE

DE L'ARMÉE

DE MÉR,

Loi concernant la levée des matelots, du 10 juin 1790.

LA levée des matelots sera faite provisoirement comme par le passé.

Loi concernant l'augmentation de la solde des gens de mer.

ARTICLE PREMIER.

La paie des matelots qui est actuellement déterminée en différentes classes depuis 14 livres jusqu'à 21 livres par mois, sera portée de 15 jusqu'à

24 livres en graduant les augmenta-
tions proportionnellement aux services et au mérite.

II. La paie des officiers mariniers
qui est fixée actuellement dans les différens grades , depuis 24 jusqu'à 70
livres par mois , sera portée de 32
jusqu'à 80 livres , en observant aussi les proportions relatives aux grades
et au nombre des campagnes.

Au moyen de cette augmentation,
il ne sera plus question d'indemnités
pour les demi-rations aux officiers-
mariniers , ni de supplément de paye
aux principaux maîtres armés sur les
gros vaisseaux.

*Loi concernant la forme de service
des capitaines et officiers de la marine marchande , sur les vaisseaux
de guerre , du 11 juillet 1790.*

Article premier.

Tous les jeunes gens qui auront
été employés pendant une campagne de long cours , comme officiers,

sur les navires marchands, ne pourront être commandés, pour servir sur les vaisseaux de guerre, qu'en qualité de volontaires.

II. Les navigateurs qui auroient été employés sur les navires marchands en qualité de seconds capitaines et de premiers lieutenans, ne pourront être employés sur les vaisseaux de guerre dans un grade inférieur à celui de pilotes ou d'aide-pilotes.

III. Les capitaines de navires qui auront commandé dans des voyages de long cours ou de grand cabotage, des bâtimens au-dessus de cent cinquante tonneaux, et ceux qui ont déjà servi comme officiers auxiliaires, ne pourront être employés au service de la flotte qu'en qualité d'officiers.

IV. Tous les officiers des navires marchands qui ont été appellés au service, et qu'il ne sera pas nécessaire d'employer dans les grades énoncés ci-dessus, auront la liberté de se retirer chez eux.

V. Le présent décret sera présenté

sans délai à la sanction du roi, et exécuté provisoirement par l'armement
de l'escadre.

*Loi sur l'organisation de l'armée na-
vale, du 7 juillet 1790.*

ARTICLE PREMIER.

Le roi est le chef suprême de l'armée navale.

II. L'armée navale est essentiellement destinée à défendre la patrie
contre les ennemis extérieurs , et à
protéger le commerce maritime et
les possessions nationales dans différentes parties du globe.

III. Il ne peut être appellé dans les
ports français, ni employé au service
de l'état, aucunes forces navales étrangères , sans un acte du corps législatif, sanctionné par le roi.

IV. Il ne peut être employé sur les
vaisseaux , ni transporté par lesdits
vaisseaux dans les ports du royaume
et des colonies, aucun corps ou dé-
tachement de troupes étrangères , si

ces troupes n'ont été admises au service de la nation, par un décret du corps législatif, sanctionné par le roi.

V. Les sommes nécessaires à l'entretien de l'armée navale, des ports et arsenaux, et autres dépenses civiles ou militaires du département de la marine, seront fixées annuellement par législatures.

VI. Tous les citoyens sont également admissibles aux emplois civils et militaires de la marine, et les législatures et le pouvoir exécutif ne peuvent directement ni indirectement porter aucune atteinte à ce droit.

VII. Il n'y aura d'autre distinction entre les officiers, soit civils, soit militaires de la marine, que celle des grades ; et tous seront susceptibles d'avancement suivant les règles qui seront déterminées.

VIII. Toute personne attachée au service civil ou militaire, de la marine, conserve son domicile, nonobstant les absences nécessitées par son service, et peut exercer les fonctions

de

de citoyen actif, s'il a d'ailleurs les qualités exigées par les décrets de l'assemblée nationale.

IX. Tout militaire ou homme de mer, qui, depuis l'âge de dix-huit ans, aura servi sans reproche pendant soixante-douze mois sur les vaisseaux de guerre, ou dans les grands ports, l'espace de seize ans, jouira de la plénitude des droits de citoyen actif, et sera dispensé des conditions relatives à la propriété et à la contribution.

X. Chaque année, le 14 juillet, il sera prêté individuellement dans les grands ports, par toutes les personnes attachées au service civil ou militaire de la marine, en présence des officiers municipaux et des citoyens rassemblés, le serment qui suit:

Savoir, par les officiers civils ou militaires : de rester fidèles à la nation, à la loi, au roi et à la constitution décrétée par l'assemblée nationale, et acceptée par sa majesté ; de prêter main-forte requise par les corps administratifs et les officiers civils ou

H

municipaux , et de n'employer jamais ceux qui sont sous leurs ord'res
contre aucuns citoyens , si ce n'est
sur cette réquisition , laquelle sera
toujours lue aux troupes assemblées ;
de faire respecter le pavillon français , et de protéger de la manière la
plus efficace le commerce maritime : :

Et par les hommes de mer et autres employés au service de la marine,
entre les mains de leurs officiers : d'ê-
-tre fidèles à la nation, à la loi au roi
et à la constitution ; de n'abandonner
jamais les vaisseaux sur lesquels ils
seront employés , et d'obéir à leurs
chefs avec la plus exacte subordination.

Les formules de ces sermens seront lues à haute voix par l'officier
commandant dans le port, lequel jurera le premier, et recevra le serment
que chaque officier et ensuite chaque
homme de mer prononcera , en levant la main et disant : *je le jure.*

XI. A chaque armement et au moment de la revue à bord , le commandant de chaque vaisseau fera le ser-

ment, et le fera répéter par l'état-major
et l'équipage, dans les termes énoncés par l'article précédent.

XII. Le ministre ayant le département de la marine, et tous les agens civils et militaires, quels qu'ils soient,
sont sujets à la responsabilité dans les
cas et de la manière qui sont ou seront
déterminés par la constitution.

XIII. Aucun officier militaire de la
marine ne pourra être destitué de son
emploi sans le jugement d'un conseil
de guerre, et aucun officier civil,
sans l'avis d'un conseil d'administration.

XIV. Il n'y aura d'autres réglemens,
d'autres ordonnances sur le fait de la
marine, que les décrets du corps législatif sanctionné par le roi, sauf les
proclamations que pourra faire le pouvoir exécutif, pour ordonner ou rappeller l'observation des loix, et en
développer les détails.

XV. A chaque législature appartient
le pouvoir de statuer :

1°. Sur les sommes à fixer annuellement pour l'entretien de l'armée navale,

des ports et arsenaux, et autres dépenses concernant le département de la marine et des colonies.

2°. Sur le nombre des vaisseaux dont l'armée navale sera composée.

3°. Sur le nombre d'officiers de chaque grade, et d'hommes de mer à entretenir pour le service de la flotte.

4°. Sur la formation des équipages.

5°. Sur la solde de chaque grade.

6°. Sur les règles d'admission au service et d'avancement dans les grades.

7°. Enfin sur les loix relatives aux délits et aux peines militaires, et sur l'organisation des conseils de guerre et d'administration.

Loi Concernant la discipline sur les vaisseaux et dans les ports, du 15 août 1790.

ARITCLE PREMIER.

Le roi sera prié de commettre deux inspecteurs dans chaque département, pour procéder à la révision et appurement desdits comptes , dans la forme qui sera ci-après déterminée; ladite révision devant avoir lieu à compter du premier janvier 1778.

II. Les comptes relatif aux désarmemens et parts de prises, faisant partie de l'administration civils des ports , seront examinés par un inspecteur choisi parmi les officiers militaires , en présence d'un capitaine de vaisseau , d'un lieutenant et d'un sous-lieutenant , de deux officiers-mariniers , et deux matelots sachant lire et écrire.

III. Les officiers-mariniers et matelots qui seront appellés à l'examen , seront choisie parmi ceux qui auront fait partie des équipages des escadres ou vaisseaux intéressés à chaque compte , autant qu'il s'en trouvera sur les lieux ; et à défaut, ils seront choisi parmi les plus anciens actuellement de service dans les ports.

IV. Les comptes relatifs aux soldes, masse et retenue des canonniers matelots du corps royal de la marine ,

faisant partie de l'administration militaire, seront examinés par un inspecteur choisi parmi les administrateurs civils des ports, en présence
d'un officier-major , d'un chef de
compagnie, d'un sous-lieutenant de
division, du premier et du dernier
maître canonnier, du premier et du
dernier aide-canonnier , et de deux
derniers canonniers de chaque division ; et le résultat desdits comptes
sera rendu public par la voie de
l'impression.

V. Excepté les conseils d'administration établis dans les divisions du
corps royal de la marine, tous autres
comités , associations & délibérations
d'individus tenant au service de la
marine , cesseront , sous quelque
forme et dénomination que ce puisse
être, après la publication du présent
décret.

VI. Les officiers doivent traiter les
canonniers et gens de mer avec juf-
tice , et avoir pour eux les égards
qui leur sont expressément recommandés par les ordonnances, à peine

de punition. Les canonniers et matelots, de leur côté, doivent respect
et obéissance absolue, dans les choses
concernant le service, aux officiers
et officiers-mariniers, et ceux qui s'en
écarteront, seront punis selon la rigueur
des ordonnances.

VII. Il ne pourra désormais être
expédié de cartouche jaune et infamante à aucun soldat, qu'après une
procédure instruite, et en vertu d'un
jugement prononcé selon les formes
usitées dans l'armée pour l'instruction
des procédures criminelles et la punition des crimes militaires.

VIII. Les cartouches jaunes expédiées depuis le premier mai 1789,
sans l'observation de ces formes ri-
goureuses, n'emportent aucune note
ni flétrissure au préjudice de ceux
qui ont été congédiés avec de semblables cartouches.

IX. A compter de la publication
du présent décret, il sera informé de
toute nouvelle sédition, de tout mou-
vement concerté entre les canonniers-
matelots du corps royal de la ma-

rine, les gens composant les équipages des vaisseaux en armement, les ouvriers et employés au service des arsenaux, contre l'ordre et au préjudice de la discipline militaire. Le procès sera fait et parfait aux instigateurs, fauteurs et participes de ces séditions et mouvemens; et par le jugement à intervenir, ils seront déclarés déchus pour jamais du titre de citoyens actifs, traîtres à la patrie, infâmes, indignes de porter les armes, chassés de leurs corps et des arsenaux. Ils pourront même être condamnés à des peines afflictives, conformément aux ordonnances.

X. Il est libre à tous officiers, officier-marinier, canonnier-matelot, après avoir obéi, de faire parvenir directement ses plaintes aux supérieurs, au ministre, à l'Assemblée nationale, sans avoir besoin de l'attache ou permission d'aucune autorité intermédiaire; mais il n'est permis, sous aucun prétexte, dans les affaires qui n'intéressent que la police intérieure du corps royal de la marine, la dis-

cipline militaire ou le service des arsenaux, d'appeller l'intervention, soit
des municipalités, soit des autres
corps administratifs, lesquels n'ont
d'action sur les troupes et gens de
mer, que par les réquisitions qu'ils
peuvent faire à leurs chefs ou commandans.

XI. Les loix et ordonnances de la
marine, actuellement existantes seront observées et suivies jusqu'à la
promulgation très-prochaine de celles
qui doivent être le résultat des travaux de l'assemblée nationale sur cet:e
partie.

Loi pour le traitemeut de table des officiers de mer, du 31 juillet 1790.

L'assemblée nationale, sur le rapport de son comité de marine, a
provisoirement décrété qu'il seroit
mis à la disposition du ministre de
la marine, pour la dépense extraordinaire qui aura lieu pendant le mois
d'août pour l'armement ordonné,

une somme d'un million ; et d'après le compte qui lui a été rendu des différens objets qui composent les dépenses d'armement , l'assemblée nationale a décrété qu'à compter du premier août prochain, les traitemens accordés pour la table des officiers généraux de la marine , capitaines de vaisseaux et autres officiers commandant les bâtimens de guerre , seroient réduits , et demeureroient provisoirement fixés ainsi qu'il suit :

ARTICLE PREMIER.

[a] Au vice-amiral, comman- [b]
    dant en chef, cent vingt
160l. livres.   120l.
    Au lieutenant général, com-
    mandant en chef, quatre-
120   vingt-dix livres.   90

---

[a] Cette colonne contient le traitement ancien par jour.

[b] Celle-ci contient le nouveau traitement par jour.

Au lieutenant général, commandant une division,
100 l.   soixante-quinze livres.   75 l.

Au chef d'escadre, com-
mandant en chef , soi-
100   xante quinze livres.   75

Au chef d'escadre, com-
mandant une division,
80   cinquante-quatre livres.   54

Au capitaine de vaisseau ,
commandant une divi-
sion de six bâtimens,
70   quarante-huit livres.   48

Au même , commandant
une division de trois bâ-
timens de guerre , qua-
50   rante livres.   40

Au même , commandant
un vaisseau de ligne ,
45   trente-six livres.   36

Au même , commandant
une frégate , s'il y a un
major , trente-quatre li-
40   vres.   34

Au même, s'il n'y a pas de
34   major , vingt-huit livres. 28

Au major de vaisseau ,

H 6

commandant, vingt-qua-
30 l.   tre livres.   24 l.

    Au lieutenant - comman-
28   dant, vingt-quatre livres. 24

    Au sous-lieutenant, vingt
23   livres.   20

II. Les traitemens ci-dessus fixés, tant pour les officiers généraux et particuliers, commandant les bâtimens de guerre, que pour la nourriture des personnes qu'ils sont obligés d'admettre à leur table, ne seront susceptibles d'un supplément, et seront réduits d'un quart pendant le séjour des vaisseaux et autres bâtimens de guerre dans les rades de France, après l'armement seulement, ladite réduction ne pouvant avoir lieu pour le désarmement, dont la durée ne pourra excéder le nombre de jours fixés par l'ordonnance.

Loi concernant les armes destinées aux vaisseaux, du 20 août 1790.

L'assemblée nationale décrète que les corps administratifs, lorsqu'il sera demandé des armes par les municipalités, ne pourront eux-mêmes réclamer des commandans ou administrateurs de la marine, les armes destinées à l'armement des vaisseaux de ligne, frégates et autres bâtimens de guerre.

Loi concernant les délits et les peines, du 22 août 1790,

TITRE PREMIER.

Des Jugemens.

ARTICLE PREMIER.

Les peines à infliger pour les fautes et délits commis par les officiers, officiers-mariniers et sous-officiers, matelots et soldats, et autres per-

sonnes qui servent dans l'armée navale, seront distinguées en peines de
discipline ou simple correction, et
peines afflictives.

II. Le commandant du bâtiment,
et l'officier commandant le quart ou
la garde, pourront prononcer les peines de discipline contre les délinquans; le commandant de la garnison
du vaisseau pourra aussi prononcer la
peine de discipline contre ceux qui la
composent, à la charge par eux d'en
rendre compte au commandant du
vaisseau, immédiatement après le
quart ou la garde.

Les maîtres d'équipage et principaux maîtres porteront, comme par
le passé, pour signe de commandement, une *lianne*. Il leur est permis
de s'en servir pour punir les hommes
de mauvaise volonté dans l'exécution
des manœuvres; le commandant et
les officiers de vaisseau veilleront à ce
qu'ils n'en abusent point.

III. Les peines afflictives ne pourront être prononcées que par un conseil de justice, et d'après le rapport

d'un jury militaire , qui , sur les charges et informations, aura constaté le délit, et déclaré l'accusé coupable ou non coupable.

IV. S'il y avoit rebellion, ou s'il étoit commis une lâcheté ou une désobéissance en présence de l'ennemi ou dans quelque danger pressant qui compromettroit imminemment la sûreté du vaisseau ; le capitaine, après avoir pris l'avis de ses officiers , pourra faire punir les coupables, conformément aux dispositions du titre second.

V. Le jury militaire sera composé, pour les officiers-mariniers et sous-officiers, de deux officiers de l'état-major , ou deux officiers de troupes ; et de cinq officiers-mariniers ou sous-officiers.

Pour les matelots et autres gens de l'équipage ; d'un officier de l'état-major , trois officiers-mariniers et trois matelots :

Pour les soldats embarqués ; d'un officier de troupes, ou son à défaut, d'un officier de l'état - major, trois sous-

officiers, et à leur défaut, trois officiers-mariniers et trois soldats :

Pour les ouvriers et autres employés dans les ports et arsenaux ; d'un
officier militaire ou d'administration,
de trois chefs d'ateliers, et de trois
ouvriers ou employés de l'état et du
grade de l'accusé.

VI. Le conseil de justice sera composé des officiers de l'état-major, s'ils
sont au nombre de cinq ; et s'ils sont
en moindre nombre, les premiers
maîtres du vaisseau y seront appellés,
en commençant par le maître d'équipage, le premier pilote et le maître-
canonnier. Le conseil sera présidé par
l'officier le plus ancien en grade après
le commandant du vaisseau, qui en
sera exclu. Celui qui le suivra, fera
les fonctions de rapporteur, et le
commis aux revues, celles de greffier
du conseil. S'il y a un commissaire
d'escadre à bord du vaisseau où se
tiendra le conseil de justice, il y assistera, et y aura voix délibérative.

VII. Lorsqu'un officier-marinier,
sous-officier, matelot, soldat ou au-

tres personnes de l'équipage non-
comprises dans l'état-major , seront
prévenus d'un délit dont la punition
ne peut être prononcée que par le
conseil de justice ; l'officier de quart
ou de garde en dressera la plainte par
écrit, s'il n'y a pas d'autre partie plai-
gnante , et la présentera au commandant du vaisseau.

VIII. La requête en plainte ayant
été répondue d'un *soit fait ainsi qu'il
est requis* , sera remise à l'officier
chargé du détail , et le commandant
du vaisseau procédera à la formation
d'un jury , en indiquant sur le rôle de
quart dont ne sera pas l'accusé, un
nombre double de chaque grade ,
dont il sera loisible à l'accusé de récuser la moitié. L'accusé pourra, s'il le
veut, se choisir un défenseur à bord
du vaisseau.

IX. La récusation ayant été exercée
par l'accusé , ou , dans le cas où il y
renonceroit, le jury étant, au nombre de sept par la voie du sort, s'assemblera sur le champ ; et le lieutenant
chargé du détail , procédera en sa

présence à l'audition des témoins, confrontation et interrogatoire de l'accusé.

X. La procédure ainsi faite en présence du jury, sera rédigée par écrit, et annexée au rôle d'équipage.

XI. Le jury, pour les ouvriers et autres employés dans les ports et arsenaux, sera indiqué en nombre double de chaque grade par le directeur ou le commissaire sous les ordres duquel l'accusé seroit employé ; ses fonctions seront les mêmes que celles attribuées au jury sur les vaisseaux, et la procédure s'instruira conformément aux articles précédens.

XII. Aussi-tôt que le jury aura arrêté son avis à la pluralité de cinq sur sept, il fera avertir sur le champ le conseil de justice, qui s'assemblera sur le pont en présence de l'équipage, et dans les ports, à bord de l'amiral.

XIII. Le conseil de justice étant formé, les membres qui le composeront assis et couverts, le jury se présentera, les membres qui le composeront debouts et découverts, et le plus ancien d'âge prononcera que l'accusé est coupable ou non coupable du délit exposé dans la plainte.

XIV. Si le jury a déclaré l'accusé non coupable, le président du conseil prononcera, sans autre délibération, que l'accusé est déchargé de l'accusation.

XV. Si l'accusé est déclaré coupable, le conseil examinera quelle est la peine que la loi applique au délit; et après avoir pris les voix, le président prononcera le jugement par la majorité simple.

XVI. Le jugement du conseil de justice sera porté au capitaine du vaisseau pour en ordonner l'exécution; il pourra, suivant les circonstances, adoucir la peine prononcée par le conseil de justice, et la commuer en une peine plus légère d'un dégré seulement.

XVII. Le conseil de justice d'un vaisseau ne pourra prononcer la peine de mort ni celle des galères.

XVIII. Dans tous les cas où le délit dont le jury auroit déclaré l'accusé coupable, donneroît lieu à l'une ou l'autre de ces peines, le conseil déclareroit alors que l'objet passe sa compétence, et se borneroit à ordonner que l'accusé seroit retenu en prison, ou aux fers sur le pont.

Si le vaisseau étoit en escadre ou faisoit partie d'une division composée au moins de trois vaisseaux de ligne; le capitaine rendroit compte au commandant de ce jugement du conseil de justice; et le commandant ordonneroit à la première relâche la tenue à son bord d'un conseil martial, composé de onze officiers de l'escadre, pris à tour de rôle dans les grades de capitaine et de lieutenans, lequel conseil martial ne pourroit condamner aux galères qu'à la pluralité de sept contre quatre, et à la mort, à la pluralité de huit contre trois.

Dans tout autre cas, l'accusé seroit déposé avec la procédure au premier port où il y auroit un nombre suffisant d'officiers pour composer, de la même manière, un pareil conseil martial.

XIX. Le conseil martial sera tenu, en faveur de l'accusé seulement, de procéder à l'examen et révision des charges soumises à son tribunal : et s'il est trouvé que la procédure soit nulle, que les informations soient entachées de faux ou de quelque autre vice radical, de manière que les preuves adoptées par l'avis du premier jury soient incomplettes, il ordonnera la formation d'un nouveau jury , dont le jugement réglera sa décision.

XX. Tout capitaine d'un bâtiment de commerce en convoi ou à la suite d'une escadre, prévenu d'un délit, sera soumis au jugement d'un jury composé de deux officiers de la marine et de cinq capitaines de bâtimens du commerce, ou, à leur défaut, d'officiers reçus capitaines, qui seront indiqués en nombre double de chaque grade par le commandant de l'escadre, il est jugé à bord d'une escadre, ou par le commandant du port, s'il est jugé dans un port. Il sera ensuite traduit devant le conseil martial qui , composé comme ci-dessus, procédera conformément aux articles précédens.

XXI. Si un officier embarqué sur un vaisseau , est prévenu d'un crime, le conseil de justice , composé comme il est dit à l'article VI, sera converti en jury militaire. Le jury prononcera si l'accusé est coupable ou non coupable : dans le cas où l'accusé sera reconnu coupable, il sera suspendu de ses fonctions , et retenu prisonnier à bord, jusqu'à ce qu'il puisse être traduit devant un conseil martial à bord du général, si le vaisseau fait partie d'une escadre, ou dans le premier port où se trouveroit un nombre suffisant d'officiers pour composer un conseil martial.

XXII. Tout officier commandant un bâtiment de l'état, qui n'est ni dans une escadre , ni dans une division, ne pourra être accusé et poursuivi pour crime et autre délit, qu'à la première relâche dans un port où il se trouveroit un nombre suffisant d'officiers de son grade, pour former les quatre septièmes d'un jury, et il en sera ainsi dans tous les cas d'un commandant d'escadre ou de division.

XXIII. Le jury pour les officiers-généraux, capitaines de vaisseau et autres officiers commandant des bâtimens de l'état, sera composé de quatre officiers du grade de l'accusé, et de trois officiers du grade immédiatement inférieur. Les membres qui devront le composer, seront indiqués en nombre double de chaque grade par le commandant de l'escadre, s'il est jugé à bord d'une escadre par le commandant du port; s'il est jugé dans un port. Il ne sera point fait de distinction entre les différens grades d'officiers-généraux.

XXIV. L'accusé, après avoir subi le jugement du jury, sera traduit devant un conseil martial composé de onze officiers, pris à tour de rôle parmi les officiers-généraux ou capitaines de vaisseau présent, dont trois au moins et cinq au plus dans le premier de ces deux grades. Dans le cas où l'on ne pourroit former un tel conseil martial, l'accusé, s'il a été déclaré coupable par le jury, sera suspendu de ses fonctions, et retenu prisonnier jusqu'au moment où l'on pourra former le conseil martial , qui procédera conformément aux articles précédens.

XXV. Il sera tenu par le commis aux revues de chaque vaisseau, ou bâtiment de l'état , deux registres particuliers; il insérera dans l'un, le nom des hommes qui auront subi une peine de discipline, et dans l'autre le nom de ceux qui auront subi une peine afflictive, prononcée par un conseil de justice ou par un conseil martial; et ces registres seront au désarment, joints au rôle d'équipage.

TITRE II.

Des peines et délits.

ARTICLE PREMIER.

On ne pourra infliger aux matelots et officiers - mariniers, comme peines

peines de discipline, que celle ci-après dénommées :

Le retranchement de vin, qui ne pourra avoir lieu pendant plus de trois jours.

Les fers seulement avec un anneau au pied.

Les fers avec un anneau et une petite chaîne traînante.

Les fers sur le pont, au plus pendant deux jours et une nuit.

La peine d'être à cheval sur une barre de cabestan, au plus pendant trois jours, et deux heures chaque jour.

Celle d'être attaché au grand mât, au plus pendant trois jours, et deux heures chaque jour.

II. Seront regardés comme délits contre la discipline, et ne pourront être punis que par les peines énoncées dans l'article premier, les délits suivans :

Tout défaut d'obéissance d'un officier à son supérieur, d'un matelot à un officier-marinier, lorsqu'il n'est

I

point accompagné d'un refus formel-lement énoncé d'obéir.

L'ivresse, lorsqu'elle n'est point accompagnée de désordres.

Les querelles entre les gens ne l'é-quipage, lorsqu'il n'en résulte aucune plaie, et qu'on n'y a point fait usage d'armes ou de bâtons.

Toute absence du vaisseau sans permission de celui qui doit la donner.

Les feux allumés ou portés de terre à bord du vaisseau, dans le tems et aux postes où ils sont défendus, dans les cas non prévus par les articles suivans.

Toute infraction aux règles de police.

Tout manque à l'appel, au quart, et en général toutes les fautes contre la discipline, le service du vaisseau, provenant de négligence ou de paresse.

III. Les délits ci-dessus énoncés, seront toujours regardés comme plus graves, lorsqu'ils auront lieu la nuit, et le tems de la punition sera doublé.

IV. Les peines de discipline pour

les officiers seront les arrêts, la prison, la suspension de leurs fonctions
pendant un mois au plus, avec ou
sans privation de solde pendant le
même tems.

V. Seront censées peines afflictives, et ne pourront être prononcées
que par un conseil de justice ou un
conseil martial, toutes les peines
énoncées ci-après :

Les coups de corde au cabestan.

La prison ou les fers sur le pont
pendant plus de trois jours.

Les réductions de grade et de
solde.

La calle.

La bouline.

Les galères.

La mort.

VI. L'homme condamné à la mort,
et qui devra être exécuté à bord,
sera fusillé jusqu'à ce que mort s'en-
suive.

Celui condamné à courir la bouline, ne pourra être frappé que par
trente hommes au plus, et ne pourra
l'être pendant plus de quatre courses.

En donnant la calle, on ne pourra plonger plus de trois fois dans l'eau l'homme qui aura été condamné à cette peine.

VII. Tout homme condamné aux galères pour un tems quelconque, ne pourra plus être employé sur les vaisseaux de l'état, en quelque qualité que ce soit.

VIII. Tout officier-marinier condamné à la bouline ou à la calle, sera, par l'effet même de cette condamnation, cassé de son grade d'officier-marinier, et réduit à la basse paie des matelots. Tout matelot qui aura subi pareille condamnation, sera réduit à la basse paie.

IX. Tout homme coupable d'avoir tenu des propos séditieux, ou tendant à affoiblir le respect dû à tout genre d'autorité qui s'exerce à bord du vaisseau ou de l'escadre, sera mis en prison ou aux fers sur le pont pendant six jours.

X. Tout homme coupable d'avoir concerté aucun projet pour changer ou arrêter l'ordre du service, s'opposer à l'exécution d'un ordre donné ou d'une mesure prise, sera mis à la queue de l'équipage, et s'il est officier, sera renvoyé du service.

XI. Tout matelot ou officier-marinier coupable d'un complot contre la sûreté ou la liberté d'un officier de l'état-major, sera condamné à trois ans de galères.

XII. Tout matelot, officier-marinier ou officier de l'état-major, coupable d'un complot contre la sûreté, la liberté ou l'autorité du commandant du vaisseau, ou de tout autre officier occupant un poste supérieur, sera condamné aux galères perpétuelles.

XIII. Tout homme coupable de trahison ou d'une intelligence perfide avec l'ennemi, sera condamné à la mort; et si quelque malheur public avoit été la suite de ses mesures, il sera exécuté sur le champ à bord du vaisseau.

XIV. Tout matelot ou officier-marinier coupable d'une désobéissance envers un officier, pour fait de service, sera frappé de douze coups de corde au cabestan.

XV. Si la désobéissance est accompagnée d'injures et de menaces, le matelot ou l'officier-marinier qui s'en sera rendu coupable, sera condamné à la calle.

XVI. Tout matelot ou officier-marinier coupable d'avoir levé la main contre un officier pour le frapper, sera condamné à trois ans de galères.

XVII. Tout matelot ou officier-marinier coupable d'avoir frappé un officier, sera condamné à la mort.

XVIII. Tout officier coupable d'avoir désobéi à son chef, et d'avoir accompagné sa désobéissance d'un refus formellement énoncé d'obéir, sera mis au grade immédiatement inférieur à celui qu'il rempli ; et s'il est au dernier grade d'officier, il sera fait élève.

Si sa désobéissance est accompagnée d'injures et de menaces, il sera cassé.

Et sera dans tous les cas responsa-

ble sur sa tête, des suites de sa désobéissance.

XIX. Tout commandant d'un bâtiment de guerre coupable d'avoir
désobéi aux ordres ou aux signaux du
commandant de l'armée, escadre ou
division, sera privé de son commandement ; et si sa désobéissance occa-
sionne une séparation , soit de son
vaisseau, soit d'un autre vaisseau de
l'escadre , il sera cassé et déclaré in-
digne de servir.

Si elle a lieu en présence de l'ennemi,
il sera condamné à la mort.

XX. Tout matelot ou officier-marinier coupable d'avoir quitté dans le
cours ordinaire du service, soit un
poste particulier, soit une embarqua-
tion du vaisseau à la garde duquel il
auroit été proposé.

Si c'est pendant le jour, sera attaché
au grand mât pendant une heure, et
mis à la paie immédiatement inférieure
à la sienne.

Si c'est pendant la nuit, il sera attaché au grand mât pendant deux jours,

deux heures chaque jour, et mis à deux paies au-dessous de la sienne.

XXI. Tout officier commandant le quart, coupable de l'avoir quitté pour se coucher, sera mis au grade immédiatement inférieur au sien, et sera responsable sur sa tête de tous les accidens que le vaisseau éprouveroit par son absence du quart.

XXII. Tout matelot ou officier-marinier coupable d'avoir, dans un combat ou dans un danger quelconque, abandonné son poste pour se cacher, sera condamné à courir la bouline.

XXIII. Tout officier coupable d'avoir, pendant le combat, abandonné son poste pour se cacher, sera, s'il est à sa première campagne de guerre, envoyé du service, et dans tout autre cas, cassé et déclaré infâme.

XXIV. Tout homme qui, sans l'ordre du capitaine, aura crié de se rendre ou d'amener le pavillon, sera condamné à trois ans de galères; et celui qui, par sa conduite lâche et ses discours séditieux et répétés, pro-

(199)

duira dans l'équipage un décourage-
ment marqué , sera condamné à la
mort , et jugé conformément à la
disposition de l'article IV du titre
premier.

XXV. Tout homme coupable d'a-
voir amené le pavillon pendant le
combat, sans l'ordre exprès du commandant du vaisseau , sera condamné
à la mort.

XXVI. Tout homme coupable
d'avoir embarqué ou permis d'embar-
quer sans ordre des effets commerça-
bles étrangers au service du vaisseau,
sera, s'il commande le vaisseau ou
bâtiment de l'état , déchu pendant
deux ans de tout commandement, et
en cas de récidive , renvoyé du service.

S'il est officier de l'état-major ou
officier-marinier , il perdra deux ans
de service effectif sur mer, pendant
lesquels il sera privé de tous les avan-
cemens auxquels il pourroit prétendre.

S'il n'est ni officier - marinier ou
sous-officier , ni matelot ou soldat, il

I 5

paiera, par forme d'amende , deux fois la valeur de la marchandise, au profit de la caisse des invalides.

Dans tous les cas, la marchandise sera confisquée au profit de la caisse des invalides.

XXVII. Tout homme coupable d'avoir transporté à bord , sans en avoir reçu l'ordre ou la permission, aucune matière inflammable , telle que poudre, souffre, eau-de-vie et autre liqueur spiritueuse et inflammable :

S'il est officier , sera renvoyé du service;

S'il est matelot ou officier-marinier, sera frappé de douze coups de corde au cabestan, et en cas de récidive , aura la calle.

XXVIII. Tout homme coupable en tems de guerre d'avoir allumé ou tenu allumés pendant la nuit des feux défendus , ou dans tous les tems de les avoir allumés , ou tenus allumés, soit le jour, soit la nuit, sans précaution et de manière à compromettre la sûreté du vaisseau ; s'il est officier ou officier-marinier, sera cassé; s'il est matelot, recevra la calle; et dans le cas où il en auroit été fait défense expresse par une proclamation faite dans les formes ordinaires, ou si son action avoit donné lieu à quelque accident; de ce reconnu coupable, il sera condamné à trois ans de galères.

XXIX. Tout officier ou officier-marinier préposé à la garde d'un feu, et qui n'y aura pas apporté l'attention prescrite, sera puni comme si lui-même avoit allumé ou tenu allumé le feu, conformément à la disposition de l'article précédent.

XXX. Tout matelot ou officier-marinier coupable d'avoir, dans une circonstance quelconque, frappé avec armes ou bâton un autre homme de l'équipage, sera frappé de douze coups de corde au cabestan.

XXXI. Tout matelot ou officier-marinier coupable d'avoir fait une blessure dangereuse, aura la calle, sans préjudice de la réparation civile réservée aux tribunaux ordinaires.

XXXII. Tout officier coupable

I 6

d'avoir maltraité et blessé un homme de l'équipage, sera interdit de ses fo:ctions, et mis en prison pendant le tems déterminé par le conseil de justice, suivant la nature du délit, sans préjudice, dans le cas de blessure dangereuse, de la réparation civile réservée aux tribunaux ordinaires.

XXXIII. Tout officier, commandant une portion quelconque des forces navales de la nation, coupable d'avoir suspendu la poursuite, soit de vaisseaux de guerre ou d'une flotte marchande, fuyant devant lui, soit d'un ennemi battu par lui, lorsqu'il n'y aura pas été obligé par des forces ou des raisons supérieures, sera cassé et déclaré incapable de servir.

XXXIV. Ainsi sera traité tout commandant d'escadre ou de vaisseaux, coupable d'avoir refusé des secours à un ou plusieurs bâtimens amis ou ennemis dans la détresse, implorant son assistance, ou refusé protection à des bâtimens de commerce français qui l'auroient réclamée.

XXXV. Tout commandant d'un bâtiment de guerre, coupable d'avoir abandonné, dans quelque circonstance critique que ce soit, le commandement de son vaisseau pour se cacher, ou d'avoir fait amener son pavillon, lorsqu'il etoit encore en état de se défendre, sera condamné à la mort.

Sera condamné à la même peine, tout commandant coupable, après la perte de son vaisseau, de ne l'avoir pas abandonné le dernier.

XXXVI. Tout officier chargé de la conduite d'un convoi, coupable de l'avoir abandonné volontairement, sera condamné à la mort.

XXXVII. Tout capitaine de navire du commerce faisant partie d'un convoi, coupable d'avoir volontairement abandonné le convoi, sera condamné à trois ans de galères.

XXXVIII. Tout officier commandant une escadre ou un bâtiment de guerre quelconque, coupable de n'avoir pas rempli la mission dont il étoit chargé et cela par impéritie ou négligence, sera, s'il est officier général ou capitaine de vaisseau, déclaré incapable de commander; et s'il a tout autre grade, il sera déchu de tout commandement pendant trois ans.

S'il est coupable d'avoir volontairement manqué la mission dont il étoit chargé, il sera condamné à la mort.

XXXIX. Tout commandant d'un bâtiment de guerre quelconque, coupable dè l'avoir perdu, si c'est par impéritie, sera cassé et déclaré incapable de servir : si c'est volontairement, il sera condamné à la mort.

XL. Tout pilote-côtier coupable d'avoir perdu un bâtiment quelconque de l'état ou du commerce, lorsqu'il s'étoit chargé de sa conduite, et qu'il avoit déclaré en répondre, si c'est par négligence ou ignorance, sera condamné à trois ans de galères.

Si c'est volontairement, il sera condamné à la mort.

X L I. Tout officier particulier chargé d'une expédition, mission ou corvée quelconque, coupable de s'être écarté des ordres qu'il avoit reçus, et d'avoir par-là fait échouer ou mal rempli la mission dont il étoit chargé, sera interdit de ses fonctions, et privé d'avancement pendant le tems déterminé par le conseil de justice.

XLII. Tout commandant d'un vaisseau de guerre, coupable d'avoir perdu son vaisseau par la suite d'une inexécution non forcée des ordres qu'il avoit reçus, sera cassé, et condamné à cinq ans de prison.

XLIII. Tout homme, sans distinction de grade ou emploi, coupable d'avoir volé à bord des effets appartenans à quelque particulier, sera frappé de douze coups de corde au cabestan; en cas de récidive, il courra la bouline.

Dans tous les cas de vol quelconque, le voleur sera obligé à la restitution des effets volés.

XLIV. Tout homme coupable d'un vol avec effraction d'effets appartenans à des particuliers, soit à bord, soit à terre, sera condamné à recevoir la calle; en cas de récidive, il sera condamné à six ans de galères.

XLV. Tout homme qui, descendu à terre, s'y rendra coupable d'un vol, si c'est sur territoire français, sera frappé de douze coups de corde au cabestan; si c'est sur territoire étranger, recevra la calle.

Si le vol excède la valeur de douze francs, l'homme qui s'en sera rendu coupable, sera condamné à courir la bouline; et en cas de récidive, à six ans de galères.

XLVI. Tout homme coupable d'avoir volé et fait transporter à terre des vivres, munitions, agrès ou autres effets publics du vaisseau, sera condamné à courir la bouline.

XLVII. En cas de récidive, ou si un premier vol de vivres et autres effets publics, excédoit en vivres une valeur de cinquante rations , et en autres effets, une valeur de cinquante livres, l'homme qui s'en sera rendu coupable, sera condamné à trois ans de galères.

XLVIII. Tout homme coupable d'avoir volé, en tout ou en partie, l'argent de la caisse du vaisseau ou de telle autre caisse publique, déposée à bord du vaisseau, sera condamné à neuf ans de galères.

XLIX. Tout homme coupable d'avoir volé à bord de la poudre, ou d'avoir recélé de la poudre volée, sera condamné à trois ans de galères.

L. Tout homme coupable d'avoir volé ou tenté de voler de la poudre dans la soute aux poudres, sera condamné à neuf ans de galères.

LI. Tout vol d'effets quelconques fait à bord d'une prise, lorsqu'elle n'est pas encore amarinée, sera regardé comme un vol d'effets particuliers, et l'homme qui s'en sera rendu coupable, sera frappé de douze coups de corde au cabestan.

LII. Tout homme coupable d'avoir dépouillé un prisonnier de ses vêtemens et de les avoir volés, sera frappé de vingt-quatre coups de corde ou cabestan.

LIII. Lorsqu'une prise sera amarinée, elle sera regardée comme possession nationale; et tout vol d'agrès, munitions, vivres et marchandises, sera censé vol d'effets publics; et puni couformément aux articles XLVI, XLVII, XLVIII, XLIX et L.

LIV. Les dégâts commis à terre par les marins, seront rangés dans la classe des délits emportant peine afflictive; s'ils excèdent la valeur de douze livres, ils seront punis, en ce cas, de douze coups de corde frappés au cabestan, outre la restitution des dommages civils. Tous autres dégâts au-dessous de cette valeur, seront soumis aux peines de discipline.

LV. Le titre XVIII de l'ordonnance de 1784 sur les classes, ayant pour titre, *des déserteurs*, continuera d'être exécuté, sauf les modifications suivantes :

1°. Aux campagnes extraordinaires à la demi-solde et aux deux tiers de solde, seront substituées des campagnes extraordinaire à la basse-paye de son grade.

2°. Aux campagnes extraordinaires, auxquelles sont condamnés des ouvriers non navigans, sera substituée l'obligation de travailler dans le port pendant le même tems.

3°. Les peines qui devront être prononcées, ou par le commandant du port, ou par le chef des classes, ne pourront plus l'être que par le concours du commandant et intendant, et du major général de la marine.

4°. L'article 29 sera supprimé.

LVI. Tous les hommes sans distinction, composant l'état-major, ou l'équipage d'un vaisseau naufragé, continueront d'être soumis à la présente loi, ainsi qu'à toutes les règles de discipline militaire, jusqu'au moment où ils auront été légalement congédiés.

LVII. Les officiers, sous-officiers et soldats, soit des troupes de la marine, soit des troupes de terre, embarqués sur les bâtimens de guerre, seront assujettis, comme les officiers de la marine , officiers-mariniers et matelots , à toutes les dispositions de la présente loi , pendant le tems de leur séjour sur les vaisseaux.

LVIII. Toute autre personne embarquée sur un vaisseau , sera également soumise à la présente loi , et à toutes les règles de police établies dans le vaisseau.

LIX. Les peines de discipline et les peines afflictives , prononcées dans les cas ci - dessus énoncés , seront applicables à tous les délits commis dans les arsenaux , par les officiers-mariniers , matelots et soldats.

LX. En ce qui concerne les manquemens au service , par négligence ou désobéissance de la part des maîtres d'ouvrages , ouvriers et autres employés dans les arsenaux , le commandant et l'intendant du port , chacun en ce qui les concerne, pourront, selon le cas , prononcer les arrêts , la prison pendant trois jours , la privation d'un mois de solde ou appointemens : pour tous autres délits majeurs, les délinquans seront légalement pour-

suivis , conformément aux ordonnances actuellement subsistantes pour
l'exercice de la justice dans les arsenaux , en observant toutefois ce qui
est prescrit pour la formation et le
prononcé d'un jury.

LXI. L'assemblée nationale abroge
toutes les dispositions pénales conte-
nues dans les ordonnances de la
marine militaire qui ont paru jusqu'à
ce jour, entendant néanmoins ne porter aucune atteinte aux autres loix
sur le fait de la marine , qui doivent
être exécutées jusqu'à ce qu'il y ait
été autrement statué.

*Loi concernant la comptabilité de la
marine , du 21 septembre 1790.*

ARTICLE PREMIER.

A compter du premier sep-
tembre, présent mois , le ministre
de la marine sera tenu de rendre
compte, mois par mois , des dépenses faites dans les ports et arsenaux , de manière qu'il n'y ait jamais

qu'un mois d'arriéré; en conséquence, le ministre de la marine adressera à l'assemblée nationale les états sommaires de chaque espèce de paiement, certifiés et signés par les administrateurs desdits ports et arsenaux, pour être lesdits états soumis à l'examen et à la vérification du comité de la marine, qui en fera son rapport à l'assemblée nationale.

II. A compter du premier janvier 1791, les comptes des dépense de la marine dans les colonies, seront rendus par le ministre, dans la même forme et aux mêmes époques que pour les ports et arsenaux, autant que les événemens de la mer pourront le permettre, sans que, sous aucun prétexte, les agens du pouvoir exécutif puissent excéder la quotité des fonds qui seront assignés aux dépenses ordinaires et sous l'obligation expresse de rendre compte sans délai de toute espèce de dépenses extraordinaires dont ils demeureront responsables.

III. Pour ce qui concerne la comptabilité arriérée du département de la marine et des colonies, le ministre sera tenu de fournir, dans le plus court délai, les états effectifs de recettes et dépenses ordinaires et extraordinaires de ce département, depuis l'apurement du dernier compte, jusqu'au premier janvier 1790, ensemble des recouvremens faits ou à faire sur les débiteurs de la marine et des colonies, pour lesdits états munis de toutes pièces au soutien, être soumis à l'examen du comité de la marine, et sur le rapport dudit comité, être statué par l'assemblée nationale ce qu'il appartiendra.

IV. Au surplus, l'assemblée nationale voulant assurer le service de la marine pour l'exercice de 1790, décrète que sans préjuger la distribution des fonds projettée au mois de décembre dernier, les trente millions assignés pour l'ordinaire de la marine, les dix millions cinq cent mille livres pour l'ordinaire des colonies, et les sept millions cent soixante deux mille huit cent cinquante-cinq livres assi-

gnés pour les dépenses dites extraordinaires, faisant lesdites sommes,
celle de quarante-sept millions six cent
soixante - deux mille huit cent cinquante-cinq livres, continueront d'être
remises à la disposition du ministre
de la marine, à raison d'un douzième
par mois jusqu'à la fin de 1790,
sauf la responsabilité sur l'emploi de
ces fonds.

Le roi a sanctionné et sanctionne
ledit décret ; et en conséquence, sa
majesté ordonne ce qui suit :

ARTICLE PREMIER.

A compter du premier septembre
de cette année, les intendans ou ordonnateurs des ports rendront compte,
mois par mois, de toutes les dépenses faites dans les ports et arsenaux
en sorte qu'il n'y ait jamais plus d'un
mois d'arriéré ; et en conséquence,
ils enverront au secrétaire d'état ayant
le département de la marine, les
états sommaires de chaque espèce de
paiemens

paiemens certifiés et signés par eux; ils lui feront passer deux expéditions de chacun de ces états, dont l'une restera déposée dans les bureaux dudit secrétaire d'état, et l'autre sera aussitôt adresée par lui à l'assemblée nationale.

II. Ils ne pourront, sous aucun prétexte, excéder la quotité de fonds qui leur aura été assignée pour les dépenses ordinaires, et sa majesté leur impose l'obligation expresse de rendre compte sans délai de toute espèce de dépenses extraordinaires dont ils demeureront responsables.

III. Seront tenus les intendans ou ordonnateurs des colonies d'exécuter pareillement, à compter du premier janvier 1791, toutes les dispositions des précédens articles ; leur enjoint de plus, sa majesté, d'envoyer par duplicata, et de faire partir par deux navires différens , les états doubles ci-dessus mentionnés.

IV. Quant à ce qui concerne la comptabilité arriérée du département de la marine et des colonies, les intendans et ordonnateurs , tant des ports que des colonies , enverront dans le plus court délai ; au secrétaire d'état , les états effectifs de recettes et dépenses ordinaires et extraordinaires de ce département, depuis l'apurement du dernier compte , jusqu'au premier janvier 1790, ensemble des recouvremens faits ou à faire sur les débiteurs de la marine et des colonies , et seront lesdits états munis de toutes pièces au soutien.

Loi relative aux punitions dans la marine , du 21 septembre 1790.

L'assemblée nationale , sur le compte qui lui a été rendu des mouvemens qui ont eu lieu parmi les équipages de Brest, lors de la publication du code pénal de la marine ; ayant égard à l'exposé fait par M. d'Albert, commandant l'escadre, que la majeure partie de l'équipage et tous les vrais marins sont restés fidèles à la discipline militaire ; persuadée que la confiance due par les gens de mer à leur commandant, et le sentiment de leur devoir suffiront pour maintenir cette exacte subordination qui a toujours distingué les peuples libres, veut bien oublier les torts de quelques hommes égarés qui ont méconnu les dispositions bienfaisantes des décrets de l'assemblée, et qui se trompant sur l'intention de quelques articles, n'ont pas vu combien le nouveau code qu'elle leur a donné dans sa sollicitude paternelle, est plus doux et plus juste que le régime rigoureux et arbitraire par lequel ils étoient gouvernés.

Et en ce qui concerne les représentations faites par M. d'Aibert et par les officiers municipaux de Brest, au nom des matelots, sur quelques articles du code pénal.

Considérantqu'en rappellant l'usage de la liane, suivi de tout tems dans la marine française et dans toutes les marines de l'Europe, elle a voulu surtout en prévenir l'abus :

Qu'en créant la peine de l'anneau au pied et de la petite chaîne, elle a eu pour unique objet de substituer à la peine douloureuse et mal-saine des fers sur le pont, et du retranchement de vin pendant une longue suite de jours, une peine douce et légère, et qui, rangée dans la classe des peines de discipline, ne peut être regar- dée comme infamante, ni faire supposer aucune similitude entre de vils criminels, et l'utile et honorable classe des matelots français :

Jugeant enfin qu'une disposition de bienfaisance et d'humanité ne peut compromettre le véritable hon- neur qui a toujours été le partage de ces enfans de la patrie, et s'en rap- portant au surplus à la sagesse des commandans pour la dispensation et le choix des peines de discipline;

Décrète qu'il n'y a lieu à délibérer sur les représentations faites par M. d'Albert et par les officiers muni- cipaux de Brest, au nom des matelots de l'escadre; et néanmoins l'assem- blée approuvant la conduite de cet officier général et celle des officiers municipaux de Brest, tant dans cette circonstance, que relativement aux ouvriers du port, charge son prési-

dent de leur en témoigner sa satis-
faction.

*Loi concernant le départ des vais-
seaux, du 21 septembre 1790.*

L'assemblée nationale, délibérant
sur la lettre adressée par le ministre
de la marine, de la part du roi, en
date du 17 de ce mois; considérant
qu'aucune municipalité ou corps ad-
ministratif ne peut, sous aucun prétexte, arrêter ni suspendre le départ
d'aucun bâtiment de guerre, ordonné
par sa majesté; décrète que le roi
sera prié de faire parvenir incessamment le présent décret dans tous les
ports, et de donner ses ordres en
conséquence.

*Loi concernant la solde de la ma-
rine, du 21 septembre 1790.*

L'assemblée nationale, après avoir
ouï le rapport de son comité de marine, considérant que l'augmentation
de solde accordée aux gens de mer,

par son décret du 15 juin 1790, n'a pu jusqu'à présent avoir son exécution, parce qu'il exige un réglement préalable de répartition, décrète le réglement suivant, pour être exécuté jusqu'à l'organisation générale de la marine.

SOLDE PAR MOIS.

Novices, à . . . . 15 l.

Matelots.

Troisième Classe, à	18
Deuxième *id.* à	21
Première *id.* à	24
Vétérans.	27

Quartiers-Maîtres.

Deuxième Classe, à	36
Première *id.* à . . .	42

SOLDE PAR MOIS.

Contre-Maîtres.

Deuxième Classe, à . . . . 45 l.
Première   *id.*   à . . . 51

Seconds Maîtres.

Deuxième Classe, à . . . 54
Première   *id.*   à . . . 63

Premiers Maîtres.

Troisième Classe, à . . . 66
Deuxième   *id.*   à . . . 72
Première   *id.*   à . . . 80

PILOTAGE.

Timonniers.

Cinquième Classe, à . . . 27

SOLDE PAR MOIS.

Quatrième *id.*   à . . . . 33 l.
Troisième *id.*   à 36
Deuxième *id.*   à 39
Première *id.*   à 45

Aides-Pilotes.

Deuxième Classe, à 36
Première *id.*   à 42

Seconds Pilotes.

Deuxième Classe, à 45
Première *id.*   à 57

Premiers Pilotes.

Troisième Classe, à 63
Deuxième *id.*   à . . . 72
Première *id.*   à . . . 80

SOLDE PAR MOIS.

CANONNAGE.

Chefs de pièces, ou *Aides-Canonniers*.

Troisième Classe, à 27
Deuxième *id.* à 30
Première *id.* à 33

Seconds Maîtres Canonniers.

Troisième Classe, à . . . 48
Deuxième *id.* à . . . 51
Première *id.* à . . . 57

Premiers Maîtres Canonniers.

Troisième Classe, à . . . 63
Deuxième *id.* à . . . 72
Première *id.* à . . . 80

K 5

SOLDE PAR MOIS.

CHARPENTAGE, CALFATAGE ET VOILERIE.

Aides.

Deuxième Classe , à . . . . 36 l.
Première. *id.* à 42

Seconds Maîtres.

Deuxième Classe , à 48
Première. *id.* à 57

Premiers Maîtres.

Troisième Classe , à 63
Deuxième *id.* à . . . 66
Première *id.* à . . . 72

Les supplémens ci-devant attribués par les réglemens à des fonctions remplies sur les vaisseaux par les

premiers maîtres comptables et autres personnes de l'équipage, qui ne
s'élèvent pas à plus de dix liv. par
mois, et qui ne sont accordés que
pendant la durée desdites fonctions
continueront d'avoir lieu comme au
passé.

Au moyen des dispositions du présent décret, qui auront leur effet à
compter du premier mai 1790 les
demi-rations et les indemnités qui en
tenoient lieu, demeureront supprimées, ainsi qu'il est dit par le décret
du 15 juin dernier.

Loi *concernant les travaux des arsénaux de marine, du* 14 *octobre*
1790.

Article premier.

Tous ouvrages de réparations, ra-
doubs et entretien, exécutés dans les
arsénaux de marine, seront désormais faits à la journée.

II. La main-d'œuvre des ouvrages
neufs, continuera d'être adjugée à

prix fait, et sera donnée de préférence, à conditions égales, aux ouvriers divisés par sections ou bri-
gades.

Loi pour le rétablissement de la discipline, du 23 octobre 1790.

L'assemblée nationale, ouï le rapport de ses comités de la marine,
militaire, diplomatique et des colonies, décrète que le roi sera prié de
nommer deux nouveaux commissaires
civils, lesquels se réuniront à Brest
avec ceux que sa majesté a précédemment nommés, et seront revêtus
de pouvoirs suffisans pour employer,
de concert avec le commandant qu'il
plaira au roi de mettre à la tête de
l'armée navale, et avec celui du port,
tous les moyens, et prendre les mesures nécessaires au rétablissement
de l'ordre dans le port et la rade de
Brest.

Décrète, qu'attendu qu'il a été
embarqué sur l'escadre, en remplacement de quelques gens de mer,

des hommes qui ne sont ni marins, ni classés, le commandant de l'escadre sera autorisé à congédier ceux qui ne lui paroîtront pas propres au service de la mer.

Décrète que le pavillon de France portera désormais les trois couleurs nationales, suivant les dispositions et la forme que l'assemblée nationale charge son comité de la marine de lui proposer ; mais que ce nouveau pavillon ne pourra être arboré sur l'escadre, qu'au moment où les équipages seront rentrés dans la plus parfaite subordination.

Décrète en outre, qu'au simple cri de *vive le roi*, usité à bord des vaisseaux, le matin et le soir , et dans toutes les occasions impartantes, sera substitué celui de *vive la nation, la loi et le roi.*

L'assemblée nationale, considérant que le salut public et le maintien de la constitution exigent que les divers corps administratifs et les municipalités soient strictement renfermés dans les bornes de leurs fonctions.

Déclare que lesdits corps administratifs et les municipalités ne peuvent, sous peine de forfaiture, exercer d'autres pouvoirs que ceux qui
leur sont formellement et explicite-
ment attribués par les décrets de l'assemblée nationale, et que les troupes de terre et de mer en sont essentiellement indépendantes, sauf le
droit de les requérir dans les cas prescrits et déterminés par les loix.

Au surplus, l'assemblée nationale,
persuadée qu'un excès de zèle a pu
seul entraîner la municipalité et le
procureur de la commune de Brest
dans des démarches irrégulières, in-
constitutionnelles, et qui pouvoient
avoir de dangereux effets, décrète
que son président sera chargé de
leur écrire pour les rappeller aux
principes de la constitution, ne dou-
tant pas d'aileurs qu'ils ne fassent tous
leurs efforts pour concourir, avec
les commissaires du roi et le chef de
la marine, au rétablissement de l'ordre et de la discipline parmi les équi-

pages des vaisseaux actuellement en armement à Brest.

Loi relative à la sûreté des ports, du 9 *septembre* 1790.

ARTICLE PREMIER.

La police des arsenaux et l'exercice de la justice dans leur enceinte, ayant été maintenue par l'article LX du titre II du code pénal de la marine, et par l'article XI du titre XIV de l'organisation de l'ordre judiciaire, sa majesté veut que le procès des accusés, complices et adhérens soit fait et parfait par le tribunal de la prévôté de la marine, conformément aux ordonnances actuellement subsistantes, pour la punition des délits commis par les forçats ; l'assemblée nationale ayant déclaré que la forme de procédure énoncée dans la nouvelle loi pénale, n'est point applicable aux forçats.

II. S'il résulte des informations, la complicité d'aucun particulier français ou étranger, non détenu parmi les forçats, et jouissant des droits de citoyen, il sera formé un jury pour le jugement dudit accusé. Le jury sera composé en nombre double de citoyens nommés par le procureur de la commune, si l'accusé n'est point au service de la marine, et par l'officier supérieur dont il dépend, s'il est au service militaire ou civil de la marine. Le prononcé du jury sera rapporté au tribunal de la prévôté qui appliquera la peine et prononcera le jugement.

III. Enjoint sa majesté aux commandans et intendans de la marine, de veiller sévèrement à la sûreté des arsenaux et bâtimens de guerre, de n'en permettre l'entrée qu'aux personnes connues, et avec les précautions convenables ; de faire arrêter tous les hommes suspects, qui, sans mission ni permission, se seroient introduits dans l'enceinte des arsenaux, des magasins, ou sur les bâtimens de guerre, et tous ceux qui tenteroient d'y pratiquer les ouvriers

ou gens de mer. Enjoint pareillement sa majesté aux officiers municipaux des places maritimes, de veiller sur tous les étrangers et hommes
inconnus qui aborderoient , et d'en
donner le signalement aux commandans et intendans des ports.

*Loi concernant le logement des lieu-
tenans de vaisseaux, du 18 septembre 1790.*

L'assemblée nationale, sur le rapport de ses comités de marine et militaire, décrète :

Que, conformément à l'ancien usage, et à compter du jour de la publication du présent décret, les sous-
lieutenans de vaisseaux auront à bord
leurs logemens, immédiatement après
les officiers de marine en grades supérieurs;

Que les officiers militaires attachés
aux mouvemens des ports, pourront être embarqués sur les vaisseaux, toutes les fois que leur service n'exigera pas leur présence dans

les ports; abroge toutes dispositions contraires aux dispositions du présent décret.

Loi concernant les couleurs des pavillons, du 31 octobre 1790.

ARTICLE PREMIER.

Le pavillon de beaupré sera composé de trois bandes égales et posées verticalement; celles de ces bandes la plus près du baton, sera rouge, celle du milieu blanche, et la troisième bleue.

II. Le pavillon de poupe portera dans son quartier supérieur le pavillon de beaupré ci-dessus décrit ; cette partie du pavillon sera exactement le quart de sa totalité, et environnée d'une bande étroite, dont une moitié de la longueur sera rouge et l'autre blanche, le reste du pavillon sera de couleur blanche. Ce pavillon sera également celui des vaisseaux de guerre et de bâtimens de commerce.

III. La flamme des vaisseaux de

guerre et autres batimens de l'état, portera dans sa partie la plus large, les trois bandes verticales rouges, blanches et bleues, le reste de la flamme sera de couleur blanche ; le guidon portera d'une manière sensible les couleurs nationales.

IV. Les pavillons de commandement porteront dans leur quartier supérieur les trois bandes verticales rouges, blanches et bleues; le reste du pavillon pourra être , comme par le passé, rouge, blanc , bleu ; l'assemblée nationale n'entendant rien changer aux dispositions qui ont pour objet de distinguer dans une armée navale, les trois escadres qui la composent.

V. Les pavillons et la flamme aux couleurs de la nation, ne pourront être faits que d'étoffes fabriquées en France. On les arborera le plus tôt possible sur les vaisseaux de guerre, d'après les ordres donnés par le roi.

VI. Le roi sera supplié de sanctionner le présent décret ; comme aussi de faire prendre, soit dans les ports de France , soit auprès des puissances étrangères , les mesures nécessaires pour sa prompte et sûre exécution , et d'indiquer l'époque où les bâtimens de commerce pourront, sans inconvénient , arborer le nouveau pavillon.

Loi relative à la fourniture du tabac aux matelots, du 17 novembre 1790.

L'assemblée nationale, sur le rapport de son comité de marine :

Décrète qu'à compter de la date de la publication du présent décret, il sera fourni aux matelots, formant les équipages des vaisseaux, du moment qu'ils seront en rade, du tabac comme il leur est fourni à la mer, et au prix qu'il est donné aux soldats; que le prix en sera retenu sur leurs gages, et qu'ils n'en pourront transporter à terre ni dans les ports.

Fin du Tome premier.

TABLE

DES DÉCRETS

Contenus dans le Code Militaire.

CODE de l'Armée de Mer.

Fin de la Table.